投資家VTuberはっしゃんが綿密なリサーチから導き出した

「誰でもできる」**3**ステップ投資術

「会社 四季報」
速読**1**時間で

10倍株

を見つける方法

はっしゃん 著
投資家 VTuber

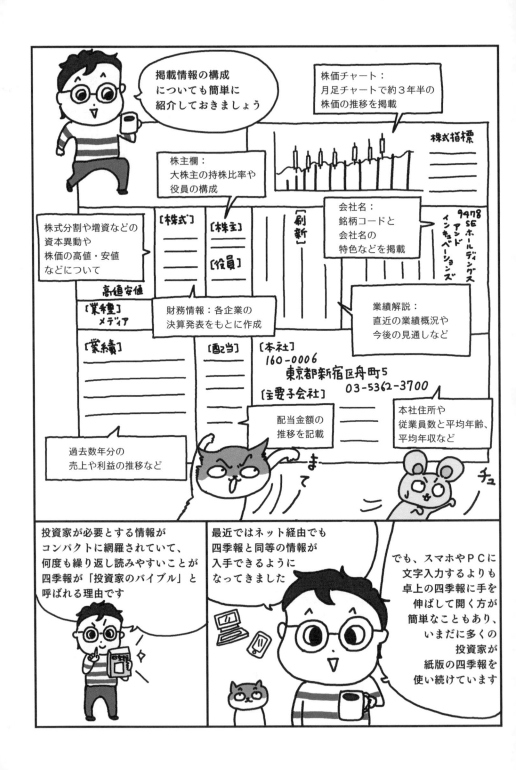

はじめに

　はっしゃんの本を手に取っていただきありがとうございます。

　この本は「投資家のバイブル」と呼ばれる『会社四季報』（東洋経済新報社）の読み方、四季報から10倍株を発掘する方法についてまとめたものです。

　はっしゃんは20年以上前から四季報を読んできましたが、2019年夏号から「はっしゃん式四季報速読法」と名付けた独自の速読法で四季報に付箋を貼り、その結果をTwitterやYouTubeで公開しつつ、成長株に長期投資してきました。

　その中からはっしゃんが2019年夏号以降の四季報15冊に付箋を貼った銘柄（471社、1,224枚）の平均上昇率と平均最大上昇率および2倍株、10倍株数を紹介しておきます。

●付箋銘柄の平均上昇率（2022年12月現在）

2019年夏号	＋34.2％	2倍株以上4、10倍株以上1
2019年秋号	＋34.1％	2倍株以上13
2020年新春号	＋10.2％	2倍株以上6
2020年春号	＋57.2％	2倍株以上8
2020年夏号	＋4.1％	2倍株以上10
2020年秋号	－4.8％	2倍株以上5
2021年新春号	－14.8％	2倍株以上5
2021年春号	－7.5％	2倍株以上6
2021年夏号	－8.8％	2倍株以上0
2021年秋号	－15.6％	2倍株以上0
2022年新春号	－16.5％	2倍株以上0
2022年春号	＋0.9％	2倍株以上0
2022年夏号	＋6.8％	2倍株以上1
2022年秋号	＋4.4％	2倍株以上1
2023年新春号	－2.0％	2倍株以上0

●付箋銘柄の付箋後高値の平均最大上昇率（2022年12月現在）

2019年夏号	＋150.6％	2倍株以上19、10倍株以上1
2019年秋号	＋130.8％	2倍株以上37、10倍株以上2
2020年新春号	＋82.1％	2倍株以上35
2020年春号	＋134.6％	2倍株以上25
2020年夏号	＋89.2％	2倍株以上44
2020年秋号	＋70.8％	2倍株以上16
2021年新春号	＋44.0％	2倍株以上11
2021年春号	＋47.0％	2倍株以上19
2021年夏号	＋45.3％	2倍株以上8
2021年秋号	＋29.5％	2倍株以上3
2022年新春号	＋18.4％	2倍株以上2
2022年春号	＋24.9％	2倍株以上0
2022年夏号	＋24.4％	2倍株以上1
2022年秋号	＋19.5％	2倍株以上1
2023年新春号	＋4.4％	2倍株以上0

　付箋を貼った時の株価水準と執筆時の株価水準の影響でマイナスになっている期間もありますが、平均的な期待値がプラスであり、かつ**付箋から時間が経過するほどプラスの期待値が上昇している**ことがお分かりいただけるかと思います。

　本書では、わずか1時間で四季報を速読して付箋を貼り、そこから業績や理論株価を使って投資候補を選別して、長期保有で10倍株を狙う方法を解説します。

　前に紹介した付箋銘柄の平均上昇率と平均最大上昇率は、選別前の付箋を貼った銘柄を単純平均したものです。本書を通じて、付箋を貼った銘柄の業績や企業価値を分析して、期待値の高い銘柄を絞り込むことで、より高い成果も期待できるでしょう。

また、本書では2019年夏号から2023年新春号まで3年半15冊の四季報に付箋を貼って分析した結果を、はっしゃんの視点からケーススタディとして追体験するフェーズも用意しています。

　2019年夏号は、元号が平成から令和に改元されたところからスタートしますが、やがて新型コロナウイルスによるパンデミックで世界が大混乱に陥ったり、ロシアがウクライナに侵攻してエネルギー価格の高騰やインフレに拍車がかかったり、為替が歴史的な円安水準になったりするなど、国内外の経済に甚大な影響があった期間に相当します。

　その時、株式市場でどのような変化が起こり、四季報はどうなっていたのか。どのような銘柄が注目され、付箋をした銘柄はどうなったのかをまとめて学習できる貴重な資料になっています。

　本書を通じて、四季報を手に取り「貯蓄から投資」の世界に踏み出す方が1人でも増えることを願います。

　なお、これから本書で紹介する速読法は動画でも学べるようにしました。まずは本書を読んでいただき、続いて下記にもアクセスしてみてください。きっと本書のメソッドの理解が深まることでしょう。

https://kabubiz.com/tv/shikiho.php

投資家VTuber
はっしゃん

目次

第 1 章 10倍株を見つけるのに
最も適した「四季報」の魅力

第 2 章 四季報速読法（ステップ1：付箋編）

第 **3** 章　四季報速読法（ステップ2：業績解読編）

第 **4** 章　**四季報速読法（体験学習編）**

第**5**章 四季報速読（ステップ3：理論株価編）

ブックデザイン　山之口正和+齋藤友貴（OKIKATA）
DTP・図版作成　株式会社キャップス
漫画・イラスト　さち
編集協力　黒崎利光
チャート提供　株Biz

（注）本書は株式投資をする際に参考となる情報提供を目的としております。著者の経験、調査、分析に基づき執筆したものですが、特定の銘柄の購入を推奨するもの、またはその利益を保証するものではありません。

また、本書で示した意見によって生じた損害および逸失利益に対し、著者・版元はいかなる責任も負いません。投資に関する最終決定は必ずご自身のご判断でお願いいたします。

第 1 章

10倍株を見つける
のに最も適した
「四季報」の魅力

「四季報」って一体どんなもの？

『会社四季報（以下、「四季報」とします）』とは、株式会社東洋経済新報社から年4回発行されている日本の上場企業の特色や業績と株価の推移、財務内容などをまとめた季刊誌です。本としての特徴は、

- 日本の全上場企業の情報が銘柄コード順に掲載されていること
- 決算や株価など投資家が必要とする情報がまとめられていること

などで、**その使い勝手の良さから「投資家のバイブル」と呼ばれる**こともあります。

はっしゃんも年4回、この四季報を発売日に購入して、投資銘柄のチェックや投資先候補の発掘、上場企業全体の方向感を俯瞰するなどで活用しています。

日本の全上場企業の情報が一目で分かる優れもの

四季報のページ構成は次のページのようになっていて、1ページに2社、見開きで4社分の情報がコンパクトにまとめられており、**日本の全上場企業の情報が1冊の中に入っています。**

各情報が小さい文字でぎっしりと詰まっていますが、本自体は片手で持ってページめくりできる手頃なサイズ（B6判で新書本と同じ大きさ）です。ただし、5センチぐらい本の厚さがあり、とても厚いですが……。なお、文字が見づらいという方向けに、大きなサイズ（B5判）の「ワイド版」も発売されています。

掲載情報の構成についても簡単に紹介しておきましょう。各欄の読み方のコツは第3章で改めて紹介しますのでそちらを参考にしていただき、ここでは四季報にどんな情報が掲載されているかを知ってもらえればOKです。

　では、順番に見ていきましょう。

●四季報の構成

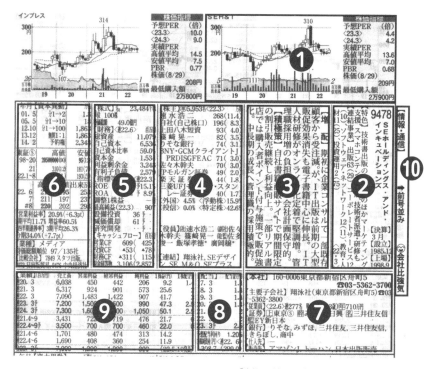

『会社四季報 2022 年秋号』より ©東洋経済新報社

❶　株価チャート

　月足チャートで約3年半の株価推移が掲載されています。

❷ 会社名

銘柄コードと会社名、特色などが記載されています。どのようなビジネスをしている会社なのかが分かります。なお、会社名には「ふりがな」もふってあるので読み方も分かります。

❸ 業績解説

直近の業績概況や今後の見通しなどについて記載されています。【見出し】のタイトル文字で、業績が良いか悪いかすぐ分かるように配慮されています。

なお、今後の見通しは四季報発売時点の四季報編集部独自の見通しであるため、当たることもあれば、外れることもあります。

❹ 株主欄

大株主の持株比率や役員の構成が記載されています。

❺ 財務情報

財務情報が掲載されています。これらは四季報の発売前の情報であり、当然ながら各企業の決算発表があった場合に財務情報はアップデートされるため、発売日の関係で四季報の掲載情報が古くなってしまっている場合があります。最新情報はオンラインで確認する方が安全でよいでしょう。

❻ 資本・株価推移

株式分割や増資などの資本異動や株価の高値・安値などについて記載されています。

❼ 住所・会社情報

本社住所や従業員数と平均年齢、平均年収などが記載されています。

❽ 配当

　配当金額の推移が記載されています。

❾ 業績推移

　過去数年分の売上や利益の推移、および今後の決算予想（二期分）が記載されています。

　この決算予想も四季報発売時点の四季報独自の予想であるため、当たることもあれば、外れることもあります。

❿ 業種・前号比・会社予想比

　業種分類のほか、四季報前号との評価比較、会社予想との評価比較が掲載されています。

　以上の情報が各銘柄（企業）ごとにコンパクトにまとめられています。

四季報が「投資家のバイブル」と呼ばれる理由

　前述のように、投資家が必要とする情報がコンパクトに網羅されており、「何度も繰り返し読まれる」ことが四季報が「投資家のバイブル」と呼ばれる理由です。

　この四季報が日常で使われる（読まれる）例としては、ニュースで自分の知らない上場企業を見かけた時や面白そうな事業をしている企業を見つけて興味を持った時など手元にあると大変便利です。

　最近では、インターネット経由で企業情報を入手できるようになってきましたが、1ページの内にコンパクトに必要な情報がまとまっている四季報の網羅性やスマホやPCに文字入力して検索するよりも卓上の四

季報に手を伸ばして開く方が簡便なこともあり、多くの投資家が紙版の四季報を長年使い続けているようです。

　ちなみに、はっしゃんがTwitterで実施した投資家向けアンケートでも、60%近くの方が四季報（オンライン版・電子版を含む）を利用しており、その中でも紙版の人気が根強いことが分かります。

四季報の利用についてアンケート
利用率はどのくらいだろう 🤔

紙版を利用	37.8%
オンライン版・電子版を利用	14.6%
紙版とオンライン版・電子版を併用	4.9%
利用していない・結果だけみる	**42.6%**

1,311票・最終結果

四季報を宝の持ち腐れとしないための 「新しい四季報の読み方」

　さて、ここまで四季報の概要と四季報が投資家に愛読されている理由について書いてきましたが、四季報には上場企業3,800社以上の膨大な情報が掲載されています。サイズはコンパクトですが、ページ数は2,000ページ以上でズッシリとした重さがあります。

　「投資家のバイブル」と呼ばれ、親しまれてきたものの、実際に四季報の全ページに目を通している投資家は極少数。ほとんどいないといってよいでしょう。一般的な投資家の四季報の読み方といえば、持株や投資

先候補の近況や今後の見通しをチェックするぐらいかと思います。

　しかし、残念ながらこの程度の読み方では、四季報も宝の持ち腐れとなってしまいます。

　本書は、四季報の全ページをわずか1時間で速読して、今まで知らなかった企業や新しい投資先を発掘する、四季報を最大限に活用できる読み方を紹介し、最終的に未来の成長株（10倍株）を見つけようとするものです。

　そこで本書が提案する、新しい四季報の読み方は、

- 全ページを1時間で速読して「知らなかった企業」「新しい投資先候補」を発掘する
- 四季報に付箋を貼って、その傾向や変化を分析して全体を俯瞰する

　以上となります。実際、はっしゃんがブログやTwitterで「四季報の全ページ速読法」を公開した時には非常に大きな反響があり、「初めて四季報を通読できました！」「10倍株候補が見つかりました！」というような喜びの声もたくさんいただきました。

●四季報の一般的な読み方と新しい読み方の違い

一般的な読み方	・知らない上場会社のニュースを見かけた時、四季報を開いて調べる ・持株や投資先候補の近況や今後の見通しをチェックする

本書が提案する 新しい読み方	・全ページを1時間で速読して「知らなかった企業」「新しい投資先候補」を発掘する ・四季報に付箋を貼って、その傾向や変化を分析して投資判断する

過去14年間で「10倍株」に化けたのは387銘柄

　私たちはニュースや日常生活を通じて様々な情報にアクセスしていますが、情報の入手先が自分自身の得意分野や関心の高い情報源に偏る傾向があり、無意識に多くの情報をスルーしてしまっています。

　しかし、将来10倍になるような大化け株は、誰もが知っているような有名企業ではなく、名前を聞いたこともないような中小企業から生まれることが少なくありません。

　本書が提案する読み方の特徴は、全ページ速読することでまだ知られていない企業を新しい投資先候補としてピックアップできる点にもあります。

　長期的な視点では、四季報に掲載された銘柄のうち、およそ8～10銘柄に1つは10倍株になること。さらに、リーマンショックのような暴落時の底値を起点とした場合には、3～4銘柄に1つが一度は株価10倍になっていることが分かっています。

　そして、期間が長くなればなるほど10倍株になる確率は上昇しています。

●3つの時間軸で見る10倍株

①	コロナショック後の現10倍株	8銘柄 （0.21%）
	10倍到達株	52銘柄 （1.33%）
②	リーマンショック後の現10倍株	387銘柄 （9.92%）
	10倍到達株	1012銘柄 （25.94%）
③	ITバブル崩壊後の現10倍株	491銘柄 （12.59%）
	10倍到達株	1317銘柄 （33.76%）

　はっしゃんが監修するWEBサイト「10倍株CLUB【株Biz】」（https://

kabubiz.com/10bagger/）」では、コロナショック（2020年）、リーマンショック（2008年）、ITバブル崩壊後（2001年）の3つの時間軸を基準に10倍株となった数や上昇率を検証し、その全てを公開しています。

　下記の「10倍株CLUB【株Biz】」のWEBページから最新の10倍株を確認することができます。

 大きなトピックがあったあとの10倍株を紹介

● コロナショック後の10倍株
https://kabubiz.com/10bagger/ranking.php?d=2020

● リーマンショック後の10倍株
https://kabubiz.com/10bagger/ranking.php?d=2008

● ITバブル崩壊後後の10倍株
https://kabubiz.com/10bagger/ranking.php?d=2001

　参考までに2008年のリーマンショック後からの2022年12月2日時点で10倍株となった企業のリスト387銘柄を紹介しておきます。

　2022年の時点で全上場3,865社のうち387社（銘柄）が10倍以上の株価になっているのです。 長期投資を前提に、10倍株になりそうな銘柄に投資することで、「10倍株の発掘」は決して不可能ではないことが分かると思います。

● **リーマンショック後に10倍以上に成長した銘柄リスト**

1.	〈1407〉ウエストHD	334.2倍	14.	〈2379〉ディップ	121.3倍
2.	〈3064〉モノタロウ	331.6倍	15.	〈2154〉夢BeNEX	117.4倍
3.	〈2471〉エスプール	229.5倍	16.	〈5285〉ヤマックス	117.3倍
4.	〈7747〉朝日インテク	206.1倍	17.	〈2160〉ジーエヌアイ	111.3倍
5.	〈6920〉レーザーテク	205.5倍	18.	〈3387〉クリエイトHD	102.1倍
6.	〈2146〉UT	176.7倍	19.	〈2158〉フロンテオ	100.3倍
7.	〈3769〉GMO-PG	161.3倍	20.	〈4848〉フルキャスト	92.8倍
8.	〈6840〉AKIBA	161.0倍	21.	〈6323〉ローツェ	86.9倍
9.	〈2124〉ジェイエイシ	158.2倍	22.	〈4369〉トリケミカル	86.2倍
10.	〈2157〉コシダカHD	157.6倍	23.	〈4565〉そーせい	84.3倍
11.	〈2928〉RIZAP	144.0倍	24.	〈6264〉マルマエ	81.9倍
12.	〈3038〉神戸物産	139.8倍	25.	〈8909〉シノケンG	79.8倍
13.	〈3856〉Aバランス	125.7倍	26.	〈3854〉アイル	77.6倍

27.	〈2175〉	エスエムエス	74.4倍	88.	〈7839〉	SHOEI	26.5倍
28.	〈8111〉	ゴルドウイン	73.5倍	89.	〈3031〉	ラクーンHD	26.4倍
29.	〈6670〉	MCJ	68.8倍	90.	〈6668〉	ADプラズマ	26.3倍
30.	〈2477〉	手間いらず	68.4倍	91.	〈3923〉	ラクス	26.2倍
31.	〈3245〉	ディアライフ	67.6倍	92.	〈2148〉	ITメディア	26.0倍
32.	〈2782〉	セリア	64.1倍	93.	〈6966〉	三井ハイテク	26.0倍
33.	〈2150〉	ケアネット	63.6倍	94.	〈2163〉	アルトナー	25.6倍
34.	〈2491〉	Vコマース	60.3倍	95.	〈7575〉	日本ライフL	25.6倍
35.	〈6532〉	ベイカレント	57.2倍	96.	〈7733〉	オリンパス	25.5倍
36.	〈2429〉	ワールドHD	56.7倍	97.	〈4820〉	EMシステム	25.4倍
37.	〈6055〉	Jマテリアル	56.3倍	98.	〈7605〉	フジコーポ	25.3倍
38.	〈3092〉	ZOZO	54.5倍	99.	〈6200〉	インソース	25.2倍
39.	〈3836〉	アバントG	53.1倍	100.	〈3628〉	データHR	24.9倍
40.	〈2127〉	日本M&A	50.4倍	101.	〈6315〉	TOWA	24.6倍
41.	〈4318〉	クイック	50.1倍	102.	〈8914〉	エリアリンク	24.4倍
42.	〈2413〉	エムスリー	48.7倍	103.	〈9790〉	福井コン	24.4倍
43.	〈6338〉	タカトリ	46.4倍	104.	〈3319〉	GDO	24.3倍
44.	〈3697〉	SHIFT	45.2倍	105.	〈2410〉	キャリアデザ	24.2倍
45.	〈2751〉	テンポスHD	44.2倍	106.	〈6626〉	SEMTEC	24.0倍
46.	〈8508〉	Jトラスト	44.1倍	107.	〈6324〉	ハーモニック	23.9倍
47.	〈3186〉	ネクステージ	43.9倍	108.	〈3798〉	ULSグルプ	23.8倍
48.	〈7821〉	前田工繊	41.3倍	109.	〈3804〉	システムディ	23.7倍
49.	〈3085〉	ALサービス	40.7倍	110.	〈3141〉	ウエルシア	23.5倍
50.	〈2929〉	ファーマF	40.2倍	111.	〈2303〉	ドーン	23.3倍
51.	〈3739〉	コムシード	40.1倍	112.	〈3825〉	リミックス	23.2倍
52.	〈4345〉	CTS	38.5倍	113.	〈4771〉	F&M	23.1倍
53.	〈8892〉	日本エスコン	37.5倍	114.	〈6755〉	富士通ゼ	22.9倍
54.	〈2412〉	ベネ・ワン	37.4倍	115.	〈3244〉	サムティ	22.6倍
55.	〈2195〉	アミタHD	37.3倍	116.	〈6908〉	イリソ電子	22.6倍
56.	〈2763〉	エフティ	35.7倍	117.	〈6050〉	イーガーディ	22.5倍
57.	〈2475〉	WDB	35.6倍	118.	〈1822〉	大豊建	22.4倍
58.	〈3150〉	グリムス	35.4倍	119.	〈2307〉	クロスキャト	22.4倍
59.	〈4348〉	インフォコム	35.0倍	120.	〈4612〉	日本ペHD	22.4倍
60.	〈2492〉	インフォMT	34.7倍	121.	〈2489〉	アドウェイズ	22.0倍
61.	〈4686〉	ジャスト	33.7倍	122.	〈3360〉	シップHD	22.0倍
62.	〈2162〉	nms	32.5倍	123.	〈2181〉	パーソルHD	21.7倍
63.	〈3241〉	ウィル	31.9倍	124.	〈2222〉	寿スピリッツ	21.5倍
64.	〈4816〉	東映アニメ	31.6倍	125.	〈9381〉	エーアイテイ	21.5倍
65.	〈3762〉	テクマト	31.1倍	126.	〈4763〉	C&R	21.3倍
66.	〈3349〉	コスモス薬品	30.8倍	127.	〈8850〉	スターツ	21.2倍
67.	〈3830〉	ギガプライズ	30.6倍	128.	〈6432〉	竹内製作所	21.0倍
68.	〈7818〉	トランザク	30.4倍	129.	〈7725〉	インターアク	21.0倍
69.	〈4368〉	扶桑化学	30.3倍	130.	〈2317〉	システナ	20.7倍
70.	〈4685〉	菱友システム	30.1倍	131.	〈7148〉	FPG	20.7倍
71.	〈1726〉	Br. HD	29.8倍	132.	〈3374〉	内外テック	20.6倍
72.	〈3772〉	ウェルス	29.8倍	133.	〈6630〉	ヤーマン	20.6倍
73.	〈6777〉	santec	29.8倍	134.	〈5344〉	MARUWA	20.5倍
74.	〈7593〉	VTHD	29.6倍	135.	〈8035〉	東エレク	20.3倍
75.	〈3093〉	トレファク	29.4倍	136.	〈8515〉	アイフル	20.3倍
76.	〈4113〉	田岡化	29.4倍	137.	〈4356〉	応用技術	20.2倍
77.	〈7419〉	ノジマ	28.7倍	138.	〈6861〉	キーエンス	20.1倍
78.	〈4751〉	サイバー	28.6倍	139.	〈6062〉	チャームケア	20.0倍
79.	〈2138〉	クルーズ	28.5倍	140.	〈6656〉	インスペック	20.0倍
80.	〈6146〉	ディスコ	28.0倍	141.	〈7564〉	ワークマン	19.9倍
81.	〈3774〉	IIJ	27.8倍	142.	〈4812〉	ISID	19.8倍
82.	〈4970〉	東洋合成	27.8倍	143.	〈2326〉	デジアーツ	19.5倍
83.	〈3765〉	ガンホー	27.5倍	144.	〈4344〉	ソースネクス	19.3倍
84.	〈8711〉	イー・ギャラ	26.9倍	145.	〈4667〉	アイサンテク	19.2倍
85.	〈3853〉	アステリア	26.8倍	146.	〈3238〉	セントラル総	19.1倍
86.	〈4235〉	UFHD	26.7倍	147.	〈6306〉	日工	19.0倍
87.	〈7868〉	広済堂HD	26.7倍	148.	〈8876〉	リログループ	19.0倍

149.	〈9625〉	セレスポ	19.0倍	210.	〈1926〉	ライト	15.5倍
150.	〈9984〉	SBG	19.0倍	211.	〈5184〉	ニチリン	15.4倍
151.	〈6383〉	ダイフク	18.8倍	212.	〈6871〉	日本マイクロ	15.4倍
152.	〈8890〉	レーサム	18.8倍	213.	〈7187〉	ジェイリース	15.4倍
153.	〈2373〉	ケア21	18.7倍	214.	〈1853〉	森組	15.3倍
154.	〈4684〉	オービック	18.7倍	215.	〈3837〉	アドソル日進	15.3倍
155.	〈1739〉	メルディアD	18.6倍	216.	〈9449〉	GMO	15.3倍
156.	〈3635〉	コーテクHD	18.5倍	217.	〈3288〉	オープンH	15.2倍
157.	〈3397〉	トリドール	18.3倍	218.	〈6819〉	伊豆シャボ	15.2倍
158.	〈2427〉	アウトソシン	18.2倍	219.	〈3097〉	物語コーポ	15.1倍
159.	〈4819〉	Dガレージ	18.2倍	220.	〈6387〉	サムコ	15.0倍
160.	〈6254〉	野村マイクロ	18.2倍	221.	〈6506〉	安川電	15.0倍
161.	〈7508〉	GセブンHD	18.2倍	222.	〈4021〉	日産化	14.9倍
162.	〈2498〉	オリコンHD	18.1倍	223.	〈7033〉	MSOL	14.9倍
163.	〈8929〉	青山財産	18.1倍	224.	〈1719〉	安藤ハザマ	14.8倍
164.	〈4776〉	サイボウズ	18.0倍	225.	〈6951〉	日電子	14.8倍
165.	〈9663〉	ナガワ	18.0倍	226.	〈9697〉	カプコン	14.8倍
166.	〈3784〉	ヴィンクス	17.9倍	227.	〈5284〉	ヤマウHD	14.7倍
167.	〈7849〉	スターツ出版	17.9倍	228.	〈9612〉	ラックランド	14.7倍
168.	〈7532〉	パンパシHD	17.8倍	229.	〈9616〉	共立メンテ	14.6倍
169.	〈1888〉	若築建	17.7倍	230.	〈9769〉	学究社	14.6倍
170.	〈4975〉	JCU	17.7倍	231.	〈9882〉	イエローハット	14.6倍
171.	〈6258〉	平田機工	17.7倍	232.	〈6504〉	富士電機	14.5倍
172.	〈3254〉	プレサンス	17.6倍	233.	〈6758〉	ソニーG	14.5倍
173.	〈6826〉	本多通信	17.6倍	234.	〈3068〉	WDI	14.4倍
174.	〈9435〉	光通信	17.6倍	235.	〈3496〉	アズーム	14.4倍
175.	〈3778〉	さくらネット	17.3倍	236.	〈6367〉	ダイキン	14.4倍
176.	〈3835〉	eBASE	17.2倍	237.	〈6869〉	シスメックス	14.4倍
177.	〈3626〉	TIS	17.1倍	238.	〈1879〉	新日本建	14.3倍
178.	〈4792〉	山田コンサル	17.0倍	239.	〈2375〉	ギグワークス	14.3倍
179.	〈7735〉	スクリン	17.0倍	240.	〈6918〉	アバール	14.3倍
180.	〈2180〉	サニーサイド	16.9倍	241.	〈8066〉	三谷商	14.3倍
181.	〈3371〉	ソフトクリエ	16.8倍	242.	〈2395〉	新日本科学	14.2倍
182.	〈3733〉	ソフトウェア	16.8倍	243.	〈4293〉	セプテニHD	14.2倍
183.	〈3788〉	GMO-GS	16.8倍	244.	〈6857〉	アドテスト	14.2倍
184.	〈9514〉	エフオン	16.8倍	245.	〈8897〉	ミラースHD	14.2倍
185.	〈3844〉	コムチュア	16.7倍	246.	〈9441〉	ベルパーク	14.2倍
186.	〈6266〉	タツモ	16.6倍	247.	〈3328〉	BEENOS	14.1倍
187.	〈2726〉	パルHD	16.5倍	248.	〈6078〉	バリューHR	14.1倍
188.	〈3393〉	スタティアH	16.4倍	249.	〈2374〉	セントケア	14.0倍
189.	〈6080〉	M&Aキャピ	16.4倍	250.	〈6406〉	フジテック	14.0倍
190.	〈8934〉	サンフロ不	16.4倍	251.	〈9856〉	ケーユーHD	14.0倍
191.	〈9960〉	東テク	16.4倍	252.	〈3771〉	システムリサ	13.8倍
192.	〈3661〉	エムアップ	16.3倍	253.	〈5807〉	東特線	13.8倍
193.	〈3663〉	セルシス	16.3倍	254.	〈6294〉	オカアイヨン	13.8倍
194.	〈6941〉	山一電機	16.3倍	255.	〈2484〉	出前館	13.6倍
195.	〈2453〉	JBR	16.2倍	256.	〈3040〉	ソリトン	13.6倍
196.	〈6495〉	宮入バ	16.2倍	257.	〈4722〉	フューチャー	13.6倍
197.	〈6544〉	Jエレベータ	16.2倍	258.	〈4661〉	OLC	13.5倍
198.	〈8275〉	フォーバル	16.1倍	259.	〈6058〉	ベクトル	13.5倍
199.	〈3793〉	ドリコム	16.0倍	260.	〈1414〉	ショーボンド	13.4倍
200.	〈6728〉	アルバック	16.0倍	261.	〈2752〉	フジオフード	13.4倍
201.	〈6420〉	フクシマガリ	15.9倍	262.	〈4641〉	アルプス技	13.4倍
202.	〈3179〉	シュッピン	15.8倍	263.	〈3266〉	ファンクリG	13.3倍
203.	〈2372〉	アイロムG	15.7倍	264.	〈4825〉	WNIウェザ	13.3倍
204.	〈4845〉	スカラ	15.7倍	265.	〈8114〉	デサント	13.3倍
205.	〈6036〉	KeePER	15.7倍	266.	〈9384〉	内外トランス	13.3倍
206.	〈6736〉	サン電子	15.7倍	267.	〈1848〉	富士PS	13.2倍
207.	〈9090〉	AZ丸和HD	15.7倍	268.	〈3848〉	データアプリ	13.2倍
208.	〈2170〉	LINK&M	15.6倍	269.	〈6787〉	メイコー	13.2倍
209.	〈8923〉	トーセイ	15.6倍	270.	〈8938〉	グロームHD	13.2倍

271.	〈8996〉	ハウスフリー	13.2倍	330.	〈4556〉	カイノス	11.1倍
272.	〈3962〉	チェンジ	13.1倍	331.	〈6030〉	アドベンチャ	11.1倍
273.	〈6890〉	フェローテク	13.1倍	332.	〈6284〉	ASB機械	11.1倍
274.	〈6070〉	キャリアL	13.0倍	333.	〈6619〉	WSCOPE	11.1倍
275.	〈6677〉	エスケーエレ	13.0倍	334.	〈4516〉	日本新薬	11.0倍
276.	〈2173〉	博展	12.9倍	335.	〈8001〉	伊藤忠	11.0倍
277.	〈3323〉	レカム	12.9倍	336.	〈9086〉	日立物流	11.0倍
278.	〈4403〉	日油	12.9倍	337.	〈2801〉	キッコマン	10.9倍
279.	〈2467〉	バルクHD	12.8倍	338.	〈9765〉	オオバ	10.9倍
280.	〈6465〉	ホシザキ	12.7倍	339.	〈4595〉	ミズホメディ	10.8倍
281.	〈8591〉	オリックス	12.7倍	340.	〈4674〉	クレスコ	10.8倍
282.	〈8999〉	グランディ	12.7倍	341.	〈6409〉	キトー	10.8倍
283.	〈2780〉	コメ兵HD	12.6倍	342.	〈6594〉	日電産	10.8倍
284.	〈6564〉	ミダックHD	12.5倍	343.	〈7816〉	スノーピーク	10.8倍
285.	〈3140〉	BRUNO	12.4倍	344.	〈8291〉	日産東HD	10.8倍
286.	〈4971〉	メック	12.4倍	345.	〈9639〉	三協フロンテ	10.8倍
287.	〈8079〉	正栄食	12.4倍	346.	〈3623〉	ビリングシス	10.7倍
288.	〈7879〉	ノダ	12.2倍	347.	〈3936〉	GW	10.7倍
289.	〈9658〉	ビジ太田昭	12.2倍	348.	〈6157〉	日進工具	10.7倍
290.	〈1717〉	明豊ファシリ	12.1倍	349.	〈7228〉	デイトナ	10.7倍
291.	〈5217〉	テクノクオツ	12.1倍	350.	〈9107〉	川崎汽	10.7倍
292.	〈2462〉	ライク	12.0倍	351.	〈9962〉	ミスミG	10.7倍
293.	〈4809〉	パラカ	12.0倍	352.	〈2722〉	アイケイ	10.6倍
294.	〈7832〉	バンナムHD	12.0倍	353.	〈9519〉	レノバ	10.6倍
295.	〈2337〉	いちご	11.9倍	354.	〈1776〉	三井住建道	10.5倍
296.	〈3242〉	アーバネット	11.9倍	355.	〈2791〉	大黒天	10.5倍
297.	〈4552〉	JCRファ	11.9倍	356.	〈4827〉	BワンHD	10.5倍
298.	〈7613〉	シークス	11.9倍	357.	〈7309〉	シマノ	10.5倍
299.	〈5273〉	三谷セキ	11.8倍	358.	〈9716〉	乃村工芸社	10.5倍
300.	〈6067〉	インパクト	11.7倍	359.	〈9743〉	丹青社	10.5倍
301.	〈7734〉	理計器	11.7倍	360.	〈4320〉	CEHD	10.4倍
302.	〈9682〉	DTS	11.7倍	361.	〈4519〉	中外薬	10.4倍
303.	〈9955〉	ヨンキュウ	11.7倍	362.	〈6184〉	鎌倉新書	10.4倍
304.	〈2695〉	くら寿司	11.6倍	363.	〈7820〉	ニホンフラ	10.4倍
305.	〈3355〉	クリヤマHD	11.6倍	364.	〈1807〉	佐藤渡辺	10.3倍
306.	〈7741〉	HOYA	11.6倍	365.	〈2120〉	LIFULL	10.3倍
307.	〈7965〉	象印	11.6倍	366.	〈7707〉	PSS	10.3倍
308.	〈1820〉	西松建	11.5倍	367.	〈9692〉	シーイーシー	10.3倍
309.	〈2121〉	MIXI	11.5倍	368.	〈1780〉	ヤマウラ	10.2倍
310.	〈8462〉	FVC	11.5倍	369.	〈1808〉	長谷工	10.2倍
311.	〈2415〉	ヒューマン	11.4倍	370.	〈2436〉	共同PR	10.2倍
312.	〈4687〉	TDCソフト	11.4倍	371.	〈2438〉	アスカネット	10.2倍
313.	〈6976〉	太陽誘電	11.4倍	372.	〈3073〉	DDHD	10.2倍
314.	〈7809〉	寿屋	11.4倍	373.	〈5381〉	Mipox	10.2倍
315.	〈7906〉	ヨネックス	11.4倍	374.	〈5903〉	SHINPO	10.2倍
316.	〈9903〉	カンセキ	11.4倍	375.	〈6069〉	トレンダ	10.2倍
317.	〈3036〉	アルコニクス	11.3倍	376.	〈8098〉	稲畑産	10.2倍
318.	〈3409〉	北日紡	11.3倍	377.	〈8594〉	中道リース	10.2倍
319.	〈3852〉	サイバーコム	11.3倍	378.	〈3079〉	DVx	10.1倍
320.	〈4568〉	第一三共	11.3倍	379.	〈4726〉	SBテク	10.1倍
321.	〈6490〉	ピラー	11.3倍	380.	〈5702〉	大紀ア	10.1倍
322.	〈6957〉	芝浦電子	11.3倍	381.	〈6061〉	ユニバー園芸	10.1倍
323.	〈7550〉	ゼンショHD	11.3倍	382.	〈6364〉	北越工	10.1倍
324.	〈2706〉	ブロッコリー	11.2倍	383.	〈7270〉	SUBARU	10.0倍
325.	〈4286〉	CLHD	11.2倍	384.	〈8139〉	ナガホリ	10.0倍
326.	〈6081〉	アライドアキ	11.2倍	385.	〈8918〉	ランド	10.0倍
327.	〈6479〉	ミネベア	11.2倍	386.	〈8935〉	FJネクHD	10.0倍
328.	〈9757〉	船井総研HD	11.2倍	387.	〈9927〉	ワットマン	10.0倍
329.	〈9983〉	ファストリ	11.2倍				

理想的な10倍株の株価チャートとは?

　それでは、実際に10倍株に成長している企業の株価チャートはどのようになっているのかを見てみましょう。

　次のチャートは、ユニクロを運営するファーストリテイリング〈9983〉のリーマンショック後からの株価チャートです。上下動はありますが、株価はリーマンショック安値から10倍以上に上昇しています。

9983 ファストリ

10倍以上に上昇

　続きまして、ファクトリーオートメーション向けセンサーが主力のキーエンス〈6861〉の株価チャート。同じくリーマンショック安値から20倍まで上昇しています。

6861 キーエンス

20倍以上に上昇

　右のページのチャートの通り、日本株は、1989年に日経平均株価が38,957円のバブル最高値を付けて、そこから30年以上もの間、高値を更新していません。

　それでは、日本株は全てダメなのかというと、**実際には3～4銘柄に1つが株価10倍以上に上昇していた時があり**、また先に見てきたようにリーマンショック後からでも3,865銘柄中、387銘柄が10倍以上になっているわけですから、決してダメというわけではありません。当たり前のことですが、個別の銘柄に目を向ければ、停滞または下がっている銘柄もあれば順調に成長している銘柄もあるのです。

　さて、**株式投資を10年単位の長期で考えると、10倍株もそれほど珍しいものではないこと**をご説明してきました。そう考えると、四季報のまだ読まれていないページの中にも、きっと将来の10倍株候補が眠っているはずです。本書のメソッドを使って、まだ知られていない未来の有望企業（銘柄）を発掘してみましょう。

●1989年からの日経平均の推移

1002 日経平均

38,957.44

35000

30000

25000

20000

15000

10000

6,994.90

1990   2000   2010   2020

「期待上げ」ではなく「持続的な成長株」の中から10倍株を探す

　一口に10倍株といっても様々なパターンがありますが、大別すると次の2つになります。

- 短期間でバブルのように急上昇して落ちていくもの（一時的なバブル株）
- 長い時間をかけて少しずつ成長して10倍になるもの（持続的な成長株）

　バブル株の特徴は「期待上げ」だということです。2000年頃のITバブルでネット関連株が先行期待で大きく上昇したような事例ですね。それに対して、**長い時間をかけて、ゆっくりと上昇していくのが持続的な成長企業の「成長上げ」**です。
　「期待上げ」では、業績を伴っていない部分はバブルが弾けると急落し

ますが、業績を伴った「成長上げ」では、多少の変動はあるとしても、成長が続く限り上昇し続けます。

期待上げ：業績を伴わず、先行期待だけで買われる状態
　　　　　ITバブル期のように技術革新を伴う時にバブル化しやすい

成長上げ：業績を伴って、業績に連動して買われている状態
　　　　　売上や利益に比例して株価も長期間上昇していく

　下記はITバブル期に急騰後、急落したソフトバンクグループ〈9984〉の株価チャートです。期待上げ後は、長い期間続く上昇相場（安値費40倍以上に上昇）になっています。株価はピーク時から60％の水準まで回復しましたが、まだバブル高値は超えられていません。

9984 ＳＢＧ

　同じくITバブル期に急上昇したMTI〈9438〉の株価チャートが次のページです。ITバブル時の「期待上げ」が幻に終わり、株価も低迷し

続けています。株価はピーク時の40分の1程度の水準で低迷しています。

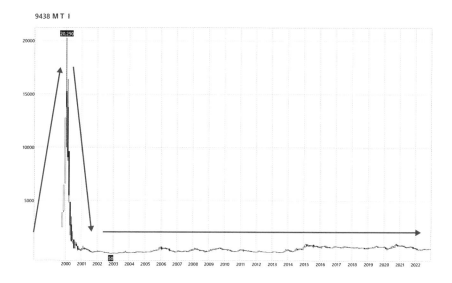

9438 MTI

ソフトバンクグループのように成長した企業であれば、「期待上げ」後に「成長上げ」が来ることもあります。ただし、「成長上げ」が来るのは持続的に成長していく企業だけですから、成長しない企業は「期待はずれ」の状態が継続します。

　本書でターゲットとするのは、バブルのような「期待上げ」の銘柄ではなく、**業績を伴って成長していく地に足の着いた「持続的な成長株」です。**長い時間をかけて株価が大化けしていく「成長上げ」の銘柄ですね。

　また、長い投資期間の中では「成長上げ」の銘柄が人気化して、バブルのように想定外に上昇することもあるかもしれませんが、本書では、理論株価を使ってそれを判別する方法も一緒に学んでいきます。

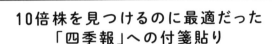

10倍株を見つけるのに最適だった 「四季報」への付箋貼り

　前に紹介したように、ユニクロ（ファーストリテイリング）だったり、キーエンスだったりと、10倍株まで到達した銘柄はたくさんあります。そして、29ページで表にまとめた「リーマンショック後に10倍以上に成長した銘柄リスト」にある多くは皆さんが名前を知らないような比較的知名度の低い会社だったかと思います。

　このような10倍株の多くに共通する点は、売上や利益といった評価される業績指標が何倍にも成長することで、それに連動して株価がシンプルに上昇し続けていることです。

　そういう銘柄に四季報で「どうやったら出会えるのか？」を考えてみてください。

　はっしゃん自身、過去に何回も10倍株を買うチャンスを逃してきたわけですが、それは、せっかく四季報を手にしながら、10倍株候補をリストアップ（後述しますが、本書では「付箋を貼る」に該当します）ができなかったから。本当の意味で四季報を使いこなせていなかったからです。

　はっしゃんは、10倍株候補の銘柄を探そうと思った時に単に四季報を読み飛ばすのではなく「10倍株を見つける可能性が高い読み方って何だろう？」と考え、**「四季報を株価チャートから見るとどうだろう？」と思いつきました。**

　そこで、とにかく株価チャートを見て、株価が上がっている銘柄を優先して調べていくことにしました。上げている銘柄から探していけば「そこに10倍株が入っている可能性が高い」と単純に考えてみたわけです。

もちろん、「期待上げ」か「成長上げ」かの見極めなど、その先に細かい分析も必要になってくるわけですが、とりあえず、株価が上がっている銘柄に付箋を貼っていくことイコール「未来の10倍株候補に付箋を貼っている」という結論に行き着くことになり、これが次章から紹介していく、四季報の速読法へと進化していくことになるのです。

　そして、四季報の全ページを速読して10倍株候補に付箋を貼るメソッドを毎年4回続けたことで、多くの発見がありました。本書では、四季報に付箋を貼って、その変化や傾向を分析していくノウハウも一緒に紹介していきます。

3年前に四季報に付箋を貼った銘柄はどうなったのか?

　この章の最後に参考としてはっしゃんが『会社四季報2019年夏号』で付箋を貼った47銘柄を紹介しておきます。付箋結果は、Twitterやブログでも公表しています。

　付箋を貼った後、コロナショックやロシアのウクライナ侵攻など、付箋時の前提条件を覆すような出来事があり、株価も大きく上昇したものもあれば、逆に大きく下落したものまで様々です。

　詳細については、この後の第4章で詳しく見ていくことにしますが、結果として、**レーザーテック〈6920〉が2019年夏から2021年秋まで、わずか2年程度で株価が10倍に到達しました。**今では半導体関連株のスター株として名前を聞くこともある会社ですが、当時はまだ無名だったのです。

6920 レーザーテク

　このように大幅に上昇する銘柄もあれば、期待に反して下げてしまう
銘柄もあります。従って、たくさんの付箋の中から上昇株を残しつつ、
下落株を切っていく判断も必要になりますが、この方法についても解説
します。

はっしゃん投資家Vtuber
@trader_hashang

···

四季報速読でピックアップした47銘柄です😄

2130 2180 2317 2326 2384 2412 2471 3038 3479
3665 3830 3836 3923 3930 3969 3983 4348 4384
4397 4587 4686 4722 4800 4921 6035 6067 6078
6099 6200 6232 6533 6544 6572 6750 6861 6920
7049 7476 7518 7564 7741 7780 8056 9279 9416
9450 9984

> はっしゃん投資家Vtuber @trader_hashang · 2019年6月18日
> 今日たまたま休日だったので
> 四季報を購入して銘柄を探したところ、
> 経過ツイートが好評だったので、
> ブログ記事にまとめました。
>
> 四季報を使った銘柄ピックアップと
> 企業価値計算のご参考にどうぞ
>
> 1時間で読了！四季報から長期投資向け成長株を発掘する方法
> hashang.kabuka.biz/thinking/colum...
>
> このスレッドを表示

午後9:03 · 2019年7月2日

　これまで成長株を見つける方法として四季報を使うこと、はっしゃん
が考案した方法で銘柄を選んだ結果をみてもらいました。
　それでは、将来の10倍株に付箋できる（かもしれない）速読法の具体的
な方法を一緒に学んでいきましょう。

さて、前置きが長くなりましたが、いよいよはっしゃん流の投資術が
はじまります。下記の一覧表をご覧いただきつつ第2章へお進みください。

●はっしゃん式四季報速読まとめ図

筆頭株主が創業社長か
創業者の持ち株比率 50% 以上か
創業家リスクはないか
外国人持株比率が低すぎない
機関投資家が株主かどうか
上場企業の子会社に注意

見出しが強気かどうか
【最高益】【増益】【増額】
【増配】【続伸】【上方修正】
【上振れ】【反発】【好調】
　　　　　　　　　　など

★はっしゃん式速読【ステップ1】
チャートを選ぶ
　　形：右肩上がり
　　色：陽線が多い
　　最高値：半年以内に高値更新

ROE が
持続可能
な水準か
最低 8% 以上
推奨 10% 以上

事業末尾の
海外比率
に注目
最低 10% 以上
理想 30% 以上

比較会社の
業績を
確認して
同業他社比較
で分析する

前号比から
変化している
理由を確認
会社比が違う
理由は？

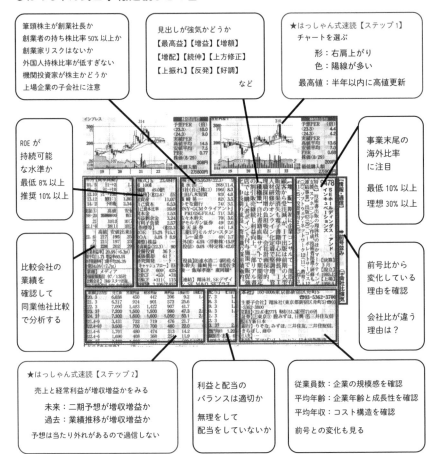

★はっしゃん式速読【ステップ2】
売上と経常利益が増収増益かをみる
　　未来：二期予想が増収増益か
　　過去：業績推移が増収増益か
　　予想は当たり外れがあるので過信しない

利益と配当の
バランスは適切か
無理をして
配当をしていないか

従業員数：企業の規模感を確認
平均年齢：企業年齢と成長性を確認
平均年収：コスト構造を確認
前号との変化も見る

第2章

四季報速読法

（ステップ1：付箋編）

第1章を読んで四季報がどういったものなのか、なぜ投資家に読み続けられているのか、また、なぜ四季報を使って成長株（10倍株）を探せるのかをご理解いただけたかと思います。

　続きまして本章では、わたし、はっしゃんが考案し、実際にやっている「四季報の速読法」の【ステップ1】となる付箋を使った速読方法を具体的に解説していきたいと思います。

　最初に「速読の準備編」として、四季報の発売スケジュールや速読するに際して用意するものを確認しておきましょう。

速読法の準備①四季報の年間スケジュール

　まずは『会社四季報』の発売日を確認してみましょう。次のページの表をご確認ください。

　この表は、年4回の四半期決算の対象期間と決算発表日、四季報の発売日をまとめたものです。

　このように『会社四季報』は年4回発売されており、『秋号』『新春号』『春号』『夏号』には、それぞれ直前の四半期決算の内容が反映されるようになっています。

　なお、四季報は、発売から3ヶ月が経過すると次号が発売されるので、その時点で旧号の内容は古くなってしまいます。

　本書では、四季報を年4回、毎号読むことを推奨していますが、仮に1年に1回だけ読むとすれば、本決算を収録した『夏号』にするのがよいでしょう。

●『会社四季報』の年間発売時期と決算時期

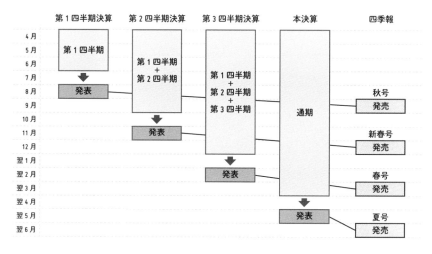

秋　号	9月中旬発売 3月期決算の1Q決算（7月下旬から8月中旬発表）までを反映
新春号	12月中旬発売 3月期決算の2Q決算（10月下旬から11月中旬発表）までを反映
春　号	3月中旬発売 3月期決算の3Q決算（1月下旬から2月中旬発表）までを反映
夏　号	6月中旬発売 3月期決算の本決算（4月下旬から5月中旬発表）までを反映

速読法の準備②最新号の購入方法

　四季報は最新号を発売日に購入するのが基本になりますので、読む前にあらかじめ発売日を確認しておきましょう。

　購入した四季報は発売日の当日に速読してしまうのが理想です。当日は無理という場合でも、できれば、発売週の週末までには読んでおきたいものです。

四季報を購入後なるべく早く読む理由は、年4回発売される季刊誌という性格上、発売から日が浅いほど情報の価値が高く、日が経つにつれて劣化していくためです。

　具体的には、発売直後ほど株価の値動きに与える影響が大きいこと。逆に発売日以降は、企業から発表される決算などによって、情報がアップデートされ、四季報の内容が少しずつ実態からズレていきます。

　なお、四季報を発売元である東洋経済新報社から定期購読すると、発売日の1日前に届くようになっていますので、早く読みたい方は定期購読するとよいでしょう（くわしくは出版社のHPからご確認ください）。

　はっしゃんの場合は、そこまで急ぐ理由はないので、発売日の午前中に近所の本屋さんで購入するようにしています。

　もちろん、初めて四季報を読む時は、そこまで読む（買う）時期を気にする必要はありません。それでも、少し時間が経ってから読んだ場合には、「これは良い！」と思った銘柄がすでに多くの投資家に買われて株価が上昇した後であると気がつくかもしれません。どうせ読むのであれば、できるだけ早い方がよいことは覚えておきましょう。

　はっしゃんは、四季報を毎号購入して全ページを速読形式で読んでいます。このはっしゃん流の読み方を「はっしゃん式 四季報速読法」と呼んでいますが、本書でこれから詳しく解説していくので、誰でもラクにはっしゃん式で速読ができるようになります。

　ところで、四季報の読み方は、目的によって違ってきます。**はっしゃんが速読で読む理由は、長期投資向けの成長株（10倍株）をできるだけ短時間で効率的に発掘するためです。**

　そして、そのために、四季報から「知らなかった企業」や「新しい投資先候補」となる成長株候補を見つけることに重点をおいた読み方をしています。

　ですので、これから説明する方法は、成長株とは別の銘柄、例えば、

できるだけ割安な銘柄や配当利回りの高い銘柄を優先して探したいような場合にはあまり向いている方法ではありませんので、あらかじめご了承ください。

速読法の準備③用意するもの

　それでは、「はっしゃん式 四季報速読法」で必要となる、用意しておくものを紹介します。

- 四季報の最新号
- 付箋紙
- 指サック
- 机

以上です。

　付箋紙は、100円ショップで売っているもので問題ありませんが、小さいサイズを選ぶようにしてくだい。はっしゃんが買ったショップでは「見出しふせん」という商品名でした。

　指サックは必ずしも必要ではありませんがあるとページがめくりやすくなりますので、手が乾燥しがちな方は用意しておくとよいかと思います。ちなみに、はっしゃんの場合は、夏は指サックなしで大丈夫ですが、冬は指サックを着けて読むようにしています。

「本を読むのに机が必要か？」と思った方もいるかもしれませんが、机は、作業台としての用途で具体的には付箋をあらかじめ貼っておくために使います。

　事前に付箋を机に貼る理由は、読むスピードをより速めるためです。

四季報のページをめくりながら、付箋を束から1枚ずつ剝がしていくと、思った以上に時間がかかってしまいます。また、付箋を束から剝がすために両手での動作が必要になり、四季報からいったん手を離す必要が生じてしまうなど時間のロスが多くなります。

　最初にまとめて10〜20枚程度の付箋を机に貼っておくと、いちいち束から剝がさなくてもよいので、四季報に片手を添えたまま、高速に読み進めていくことができます。

　ちなみに、はっしゃんはいつも15枚ずつ机に貼っています。

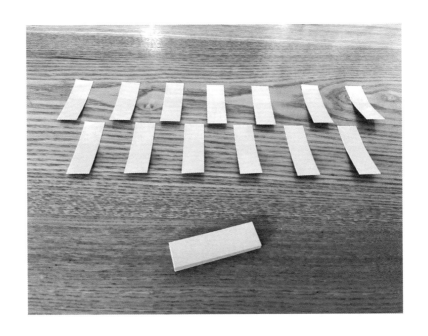

　さて、ここまでで速読の準備は完了です。次からは実際に付箋を貼っていく作業に進みましょう。

「はっしゃん式 四季報速読法」を体験する

　それでは、速読をしながら付箋を貼っていく方法について解説していきます。

　百聞は一見に如かずと言いますが、最初に、はっしゃんが速読している様子を下記のQRコードを読み取り、動画でご確認いただくのが早いかと思います。

実際の動画はこちらから

https://kabubiz.com/tv/
shikiho.php

　いかがでしょうか?

　ところどころに付箋を貼りつつ、1ページ1秒程度で読み飛ばしていく様子が確認できましたね。

　四季報はどの号も約2,000ページもあります。見開き単位では1,000枚（ページ）ですから、ページめくりもまた1,000回必要になる計算です。これを、1ページ1秒で読み進めていくと、1,000秒の時間が必要になります。

　また、付箋を貼るためにいったんページめくりの手を止め、机に手を伸ばして付箋を貼っていますね。この時間は、付箋1枚あたり5秒程度です。全部で100枚の付箋を貼るとすれば、必要な時間は500秒になります。これらのページめくりの時間と付箋を貼る作業時間を概算してみましょう。

●四季報速読の作業時間

ページめくり時間	1,000秒	
＋ 付箋を貼る時間	500秒	
速読の時間合計	1,500秒	（25分）

となります。このように、理論上では1時間どころか最速25分で付箋を貼り終わることができる計算です。

実際の速読では、はっしゃんの場合は付箋15枚をワンセットとして、15枚を使い切ったら、新たに机に付箋を貼り直したり、少し休憩を入れたりしながら、40分から1時間程度で付箋を貼る作業を完了するようにしています。

どうでしょうか、慣れるまでに多少の時間が必要かもしれませんが、慣れさえすれば30 〜 60分（1時間）で誰でも簡単にできますよね。

速読法ステップ1の①「付箋を貼る位置」に注意する

速読に入る前にもう1つ決めておくべきポイントがあります。それは、付箋を貼る場所です。四季報には見開きで4社分の情報が掲載されているので、ページ右側と、ページ左側とでは、付箋を貼る位置が違ってきます。

付箋を貼る場所をあらかじめ決めておかないと、貼る時に迷って時間を浪費してしまうことになりますし、バラバラな位置に貼ってしまうと、付箋を貼った後の見映えが美しくなく、閲覧性を損ねてしまいます。

そこで、はっしゃんは、次図のように場所を決めて付箋を貼っています。

●「はっしゃん式 四季報速読法」で付箋を貼る位置

①株価チャート	①株価チャート	①株価チャート	①株価チャート

（付箋）	⑥資本・株価推移	⑤財務指標	④株主欄	③業績解説	②会社名	⑥資本・株価推移	⑤財務指標	④株主欄	③業績解説	②会社名
⑨業績推移	⑧純資産配当	⑦住所・会社情報など			⑨業績推移	⑧純資産配当	⑦会社情報など（付箋）			

（付箋）	⑥資本・株価推移	⑤財務指標	④株主欄	③業績解説	②会社名	⑥資本・株価推移	⑤財務指標	④株主欄	③業績解説	②会社名
⑨業績推移	⑧純資産配当	⑦住所・会社情報など			⑨業績推移	⑧純資産配当	⑦会社情報など（付箋）			

右ページ：会社名の下側（住所などが記載されているところ）
左ページ：資本・株価推移欄の上端（資本異動のところ）

　なお、株価チャートはページ上部から左か右を選びますが、付箋を貼る位置はページ上下での配置になっているため、誤って貼ってしまうことがあります。後からチェックをする時に、「こんなチャートに付箋を貼ったかな？」と思った時には、付箋の上下を間違っていないかを確認するとよいでしょう。

　付箋を貼る位置を決めておくと、次のページの写真のように付箋の位置がきれいに揃いますので、付箋後もページめくりの邪魔になりません。

　ここまで読んできて、事前準備や付箋の位置など少々難しいと感じる方もいるかもしれませんが、速読自体は慣れれば誰にでもできるシンプルな読み方ですので、習うより慣れろでまずはやってみてください。

 速読法ステップ1の②「見る場所」は1カ所のみ

　事前準備と付箋の貼る位置を確認できたところで、ここからは実際に四季報を開いて読んでいきましょう。四季報のページを開いて、「1301 極洋」からページをめくって順番に読むべき場所（項目）を読んでいきます。

　「読む場所」と書きましたが、「見る場所」といった方がよいかもしれません。なぜなら、最初の付箋チェック段階で読むのは、ページ上部の「株価チャート」欄だけだからです。具体的な場所は右のページの図の赤い太線で囲ってあるところです。

●「はっしゃん式 四季報速読法」で最初にチェックするところ

①株価チャート		①株価チャート		①株価チャート		①株価チャート			

⑩業種・前号比・会社比	⑥株価推移・資本	⑤財務指標	④株主欄	③業績解説	②会社名	⑥株価推移・資本	⑤財務指標	④株主欄	③業績解説	②会社名	⑩業種・前号比・会社比
	⑨業績推移		⑧配当純資産	⑦住所・会社情報など		⑨業績推移		⑧配当純資産	⑦住所・会社情報など		
	⑥株価推移・資本	⑤財務指標	④株主欄	③業績解説	②会社名	⑥株価推移・資本	⑤財務指標	④株主欄	③業績解説	②会社名	
	⑨業績推移		⑧配当純資産	⑦住所・会社情報など		⑨業績推移		⑧配当純資産	⑦住所・会社情報など		

　また「読んでいきましょう」とも書きましたが、「はっしゃん式 四季報速読法」では、まだこの段階で文字を読む必要はありません。**上段にあるチャートを見て、付箋を貼るかどうか決めるだけだからです。**

　速読の第一段階は、株価チャートを見て付箋を貼るだけなので単純かつ高速というわけです。**目安は「見開き4社まとめて1秒程度」です。**さあ、どんどんページをめくって読んでいきましょう。

　そして、右肩上がりで面白そうな株価チャートがあれば付箋を貼っていきます。

「ローソク足」ってどうみればいいの?

　四季報の株価チャートは、「ローソク足」と呼ばれる白黒線で表示されています。

　ここでは、チャート選びの説明をする前にローソク足の見方を確認しておきます。

●「ローソク足」の各名称と意味

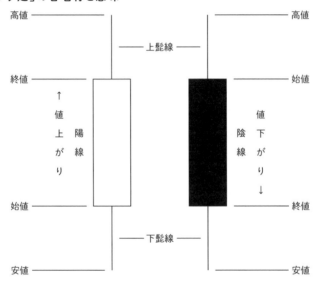

　ローソク足は、月初の「始値」から月末の「終値」までの期間が値上がりだったか、値下がりだったかで色分けされています。

- 値上がり　白いローソク足（陽線）
- 値下がり　黒いローソク足（陰線）

ローソク足は、長ければ長いほど、値上がりや値下がりの幅が大きいことを意味します。長いローソク足は、「大陽線」「大陰線」とも呼ばれます。

● 大幅な値上がり　白い長いローソク足（大陽線）
● 大幅な値下がり　黒い長いローソク足（大陰線）

また、ローソク足の上下の細い線は、「髭」と呼ばれるもので、期間の「高値」や「安値」までの長さを表します。

特にローソク足の上側の「上髭線」が長い場合は、株価がいったん大きく上昇したものの、売り圧力が強く下げたことを表し、逆にローソク足の下側の「下髭線」が長い場合は、株価が大きく下げた後に、買いが旺盛になって株価が戻ったことを意味します。

● 上髭線　高値後の下落幅
　　　　　（長い上髭線は高値圏で売り転換になりやすい）
● 下髭線　安値後の上昇幅
　　　　　（長い下髭線は底値圏で買い転換になりやすい）

「長い髭」が高値圏や底値圏で出現した場合は、転換サインになりやすいので覚えておくとよいでしょう。

速読法ステップ1の③
「右肩上がりチャート」に付箋をする

ローソク足の見方を理解したところで、それではいよいよチャート選びに入っていきましょう。

株価チャートの選び方が付箋チェックの肝になりますが、その目安も
シンプルです。

「はっしゃん式 四季報速読法」でのチャート選びの目安

①	「形」	右肩上がりのチャート
②	「色」	白い（陽線が多い）チャート
③	「最高値」	数字が右にある半年以内に最高値を付けているチャート

　これら3つの条件を全て満たすものに付箋を貼っていきます。では、
この3条件について解説していきます。

❶ 「形」右肩上がりのチャート

　チャートには、右肩上がり、右肩下がり、横ばいなどいろいろなパタ
ーンがありますが、付箋を貼っていくのは「右肩上がりに上昇してい
る」チャートです。
　ここでは、電機大手4社の株価チャートで確認してみましょう。

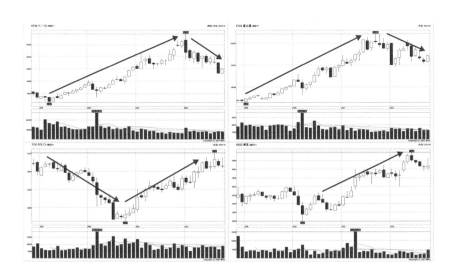

- ソニー　右肩上がりが3年続いた後、息切れしてきたようなチャート
- 富士通　右肩上がりが3年続いた後、息切れしてきたようなチャート
- キヤノン　2年ほど下げた後、右肩上がりに転じたチャート
- 東芝　コロナショックの1年間を除くと右肩上がり傾向のチャート

　ソニー〈6758〉と富士通〈6702〉の2社は、1年前まで右肩上がりでしたが、息切れしてきたようなチャートになっているので、付箋を貼るのを控えた方がよい形になっています（逆に1年前であれば、付箋を貼るべきチャートです）。

　キヤノン〈7751〉は右肩上がりになってきましたが、下げた後に戻ってきたV字型なので判断が分かれるチャートです。もう少し待つのも選択肢ですが、下落トレンドから上昇トレンドに転換しているように見えるので、この時点で付箋を貼るのもアリでしょう。

　東芝〈6502〉は、コロナショックだった2020年の1年間を除けば、右肩上がりになっていて、これも付箋を貼ってもいいチャートの形です。

❷　「色」白い（陽線が多い）チャート
　付箋を貼る際は、ローソク足の陽線が多い白いチャートを選びましょう。

　次のページのサンプルチャートを見ると、右肩上がりのNTT〈9432〉には白（陽線）が多く、株価が右肩下がりの中国電力〈9504〉には黒（陰線）が多くなっているのが分かります。このように、色だけで株価の傾向は、ある程度判断できます。

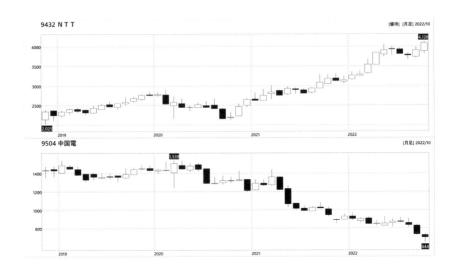

9432 ＮＴＴ　　　　　　　　　　　　　　　　　　　　　　　［優待］［月足］2022/10

9504 中国電　　　　　　　　　　　　　　　　　　　　　　　　　　［月足］2022/10

❸　「数字の位置」半年以内に最高値を付けているチャート

　四季報のチャートでは、ローソク足の上側に最高値、ローソク足の下側に最安値の数字が記載されています。この数字から最高値をいつ付けたかが分かるようになっています。ここでは、半年以内に最高値を更新している旬な銘柄を選びましょう。

　次のページの4つのチャートは、いずれも最高値を示す数字が右上の半年以内になっているので、「最高値」の条件を満たした株価チャートになります。

　このようなプロセスで右肩上がりチャートを選ぶ理由は、市場から評価されている旬な銘柄を探すためです。

　逆にチャートが右肩上がりでない場合には、

- 業績が低迷している
- 割高過ぎた株価を調整している
- 景気循環サイクルがピークを過ぎている
- 成長性に乏しく市場期待が低い

など、様々な要因が考えられます。そして、右肩上がりではないトレンドが反転して右肩上がりに転じるには、長い調整期間や大きなインパクトが必要になります。

　だからこそ、今、市場から評価されている株価が右肩上がり銘柄の中から選んでいくことが重要になるのです。

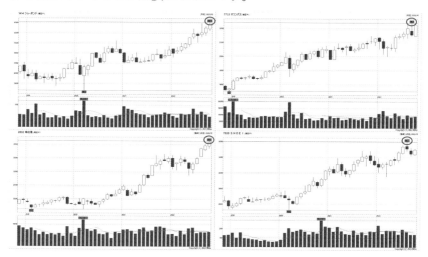

速読時の注意事項①会社名は気にしない

　四季報の株価チャート上部には会社名が記載されています。はっしゃんは、会社名はあえて読まないようにしています。

　それは、

- 会社名を読むことが時間のロスになる
- 会社名で先入観を持って付箋を貼るのを避ける

などの理由からです。

　速読で付箋を貼っていくのは「知らなかった企業」や「新しい投資先候補」を見つけることにありますので、会社名（＝会社の知名度）は重要ではないということです。

　読まないつもりでも、どうしても目に入ってしまうこともありますが、チャートの「形」「色」「最高値」に集中しながら、どんどんページをめくっていくとそのうち気にならなくなります。

　以上で、「はっしゃん式 四季報速読法」ステップ1の付箋を貼る作業は終了です。

　付箋貼りは慣れてくると1ページ1秒程度でチャート4枚分を判断できるようになってきます。最初は少し時間がかかるかもしれませんが、この要領で四季報の最終ページまで読み進めていきましょう。

株価チャートから選ぶ理由

　ここで、四季報を株価チャートから読む理由について説明しておきます。すでに速読の目的でも説明したように、**本書が未来の10倍株として投資対象とするのは株価が業績と連動して右肩上がりの成長株です。**

　2つの条件を満たす銘柄を「株価チャート」とこのあと説明する「業績」から選ぶことになりますが、各企業の業績を読むにはそれなりに時間がかかります。

　そこで、「はっしゃん式 四季報速読法」では、まず株価チャートが右肩上がりの銘柄を探して選抜することを「ステップ1」とし、あとから業績をチェックすることを「ステップ2」とすることにしました。

　ステップ1とステップ2に工程をわけるという割り切りで、株価チャ

ートが右肩上がりではない銘柄を読み飛ばすことができるので、短時間で全銘柄を速読できるようになっているわけです。

　ここで「株価チャート」と「業績」の関係について簡単に解説しておきます。

- 株価と業績がともに右肩上がり
  最終的な投資候補にもなりうる成長株候補

- 株価が右肩上がり・業績が横ばいや低迷
  業績の向上を伴っておらず、株価だけが上昇しているケース。上昇が比較的短期の「期待上げ」で終わってしまう可能性が懸念される銘柄
  ※本書では、このあとの第3章で選別して投資対象外としますのであとで詳しく解説していきます。

- 業績が右肩上がり・株価が横ばいや低迷
  業績が好調であっても株価が低迷している場合は、市場からの期待値が低いことを意味する。株価が上昇に転じるまでは投資候補ではない

- 株価と業績がともに右肩下がり
  言うまでもなく投資対象外

　具体的な業績チェックの方法は、第3章の「業績解読編」で解説しますが、ここではもう少し株価チャートや付箋テクニックについて補足しておきます。

「月足チャート」だからこそ分かること

　四季報の株価チャートは月足チャートになっています。月足チャートでは、ローソク足の1本が1ヶ月間の株価の値動きを表します。

　日足チャート：ローソク足の1本で1日分
　週足チャート：ローソク足の1本で1週間分
　月足チャート：ローソク足の1本で1ヶ月分

　個人投資家の皆さんは日足チャートを利用している方が多めのようで、以前、はっしゃんがTwitterでアンケートを採った時も日足メインという人が60％を超えていました。

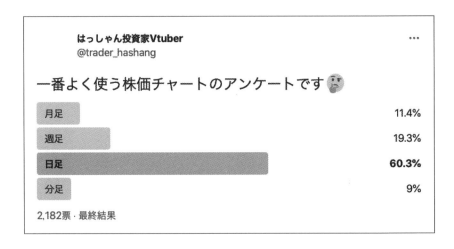

　ちなみに、はっしゃんがいつも見ているのは、四季報と同じ月足チャートです。その理由は、長期投資を中心としているためですが、月足チャートの見方に慣れていない方が多いと思いますので、少し説明してお

きましょう。

　月足チャートの特徴は、

- 株価の表示期間が長い（四季報の場合は約3年半）
- 過去の業績と比較しやすい
- 年単位の長期トレンドが分かる

という点にあります。

　四季報には、過去数年分の業績推移も掲載されています。つまり、過去の「業績」と「株価」を比較して投資判断できるように配慮されているということです。

　日足チャートでは値動きが大きく、強く見えるチャートでも、月足チャートの長いスパンで見ると小さな動きに見えることはよくあります。

　同様に、日足チャートでは株価が大きく吹き上がることがありますが、月足チャートで見ると、ローソク足の上髭線で終わっているケース

●月足チャートで上髭線が出た例。長期トレンドにほとんど影響していない

4769 IC

もよく見られます。短期の吹き上げ程度では、月足チャートのトレンドは変えられないということです。

速読時の注意事項②付箋の数は50枚がちょうどいい

　チャートの選び方が分かったら、どんどん付箋を貼っていくことになりますが、初心者の方は、迷った場合にはとりあえず付箋を貼ってしまうという方が多いようです。

　しかし、付箋の数が多過ぎると、その後の分析や管理がしきれなくなり、挫折要因となりがちです。**最初はおよそ50枚、多くとも100枚程度にとどめるとよいでしょう。**

　また、四季報に貼っていく付箋の数は、ある程度コントロールすることもできます。

　はっしゃんの場合、机に15枚の付箋を貼り、この15枚をワンセットとして速読します。つまり、セットを何回こなしたかで、付箋枚数を把握しているわけです。

- 1セット目　1〜15枚
- 2セット目　16〜30枚
- 3セット目　31〜45枚
- 4セット目　46〜60枚

　そして、「今回は付箋の枚数が多いな」と感じたら、それ以降はチャート選びの評価を厳しめにして数を調整することもあります。

　付箋は貼って終わりではなく、これから分析・監視をしていくスター

トの数となります。

　付箋チェック後に行う業績のチェック、その後、さらに決算や株価を繰り返し検証していくこと。そして、次の四季報でも同じように付箋をすることを考慮すると、最初の付箋は少なめでもかまいません。

速読時の注意事項③付箋の数を調整する方法

　四季報に付箋をする枚数は、株式市場の好調時と不調時とで大きな差があります。そこで、付箋を貼る基準を「厳しく」したり「緩く」したりすることで枚数を調整します。

　その時の株式市場が好調で付箋枚数が多いからといって、投資家の株の購入資金が多くなるわけではありません。また、付箋をする枚数が多いと、その分、あとで詳細をチェックする銘柄数も増え、効率的ではなくよいとは限りませんので、適度に調整して多くなり過ぎないようにした方がいいでしょう。

　特に、四季報の速読が初めての方は付箋が多くなりがちですが、最初は、むしろ厳選して少なくする方がよいので、以下のチャートを厳選する方法を確認しておきましょう。

❶ 右肩上がりの上昇率で調整する方法

　株価の上昇率を見るには、チャート左側のローソク足の長さに注目します。高値と安値から計算することもできますが、それでは時間がかかりますので、ローソクの長さチェックがおすすめです。

　上昇率の高い銘柄では、左半分くらいまでのローソク足の長さが短くなる傾向に着目します。直近株価が大きく上昇したことで、過去のロー

ソク足の振幅が小さく見えてしまうというわけです。

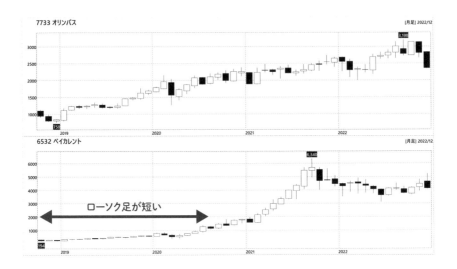

　上記チャートのオリンパス〈7733〉とベイカレント〈6532〉は、どちらも株価が右肩上がりの銘柄ですが、より大きく上昇したベイカレントの方は左サイドのローソク足が短くなっているのが分かります。

　この方法で基準を厳しくする場合は、より上昇率の高い銘柄を選択する方がよいでしょう。上昇銘柄が多い局面では、市場から期待される銘柄ほど大きく上昇するからです。

　もちろん、あまりに上昇し過ぎた銘柄は、割高株になっている恐れもありますが、それは第5章にて、理論株価という別の基準で判断しますので、この時点では深く気にする必要はありません。

❷　陰線の数で調整する方法
　陰線（黒のローソク足）が多いチャートは、株価が割高だったり、市場評価が割れていることを示します。特に高値圏で陰線が多くなってくると、右肩上がりであっても株価が上昇しづらくなったり、下落に転じる

兆候となります。

　どのような上昇銘柄であっても、いつかは調整局面はやってきますので、

- 陰線が増えてきた
- 大陰線（長い陰線）が出た

などは注意のサインです。

　下図のチャートでも、陰線が増え始めてから株価が高値圏で調整期間入りしているのが分かります。

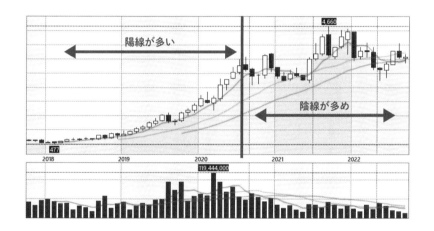

　このような調整局面を踊り場といいます。これは、階段の途中にある踊り場と同じようなもので、上昇局面が終わって次に上がるか下がるか市場評価が割れて揉み合っている状態です。

　この方法で基準を厳しくする場合は、右肩上がりでも直近半年くらいの期間で「陰線が多い」「大陰線（長い陰線）が出ている」場合に付箋を見送りにします。

③ 最高値の位置で調整する方法

　付箋をする3条件の1つが「半年以内に最高値を付けているチャート」でしたが、この基準を「直近3ヶ月以内」や「最新月のみ」と短くすることで対象を絞り込むことができます。

　逆に長くとることで、対象を増やすこともできますが、最高値から時間が経てば経つほど、最高値を更新する確率は少なくなっていきます。

　最高値から時間が経った銘柄を選ぶ場合は、株価が上昇傾向で高値を更新しそうなものを選びましょう。

●最高値から時間が経過しているが、高値を更新しそうなチャートの例

速読時の注意事項④「見落とし」は気にしなくてよい

　四季報2,000ページを速読して付箋を貼っていくと、どうしても見落としの発生は避けられません。

でも、大丈夫。見落としは気にしなくてかまいません。はっしゃん自身も多分、毎回見落としていると思います。

見落とし対策に速読を2回やるという方もいるかもしれませんが、はっしゃんは不要だと考えています。

理由の1つが四季報が年4回発売されていることです。たとえ、今号で見落としてもその銘柄が成長株候補であり続けるならば、次号でまた付箋をする機会がやってくるわけです。次号で消えている銘柄なら、それで終わりでかまいませんよね。

もう1つは、仮に成長株を買うとして、それを長期投資するならば3ヶ月程度の差異はいずれ誤差になってしまうということです。

見落としを気にして慎重に読むより、今回は縁がなかったとしても次があるくらいの気持ちで気軽に読んでいきましょう。

ちなみに、はっしゃん自身の付箋結果はTwitterや監修サイトで公開するようにしていますので、はっしゃんが付箋をした銘柄を確認したい場合は参考にすることも可能です。

 四季報速読の付箋検証サイト【株Biz】四季報速読Watch

https://kabubiz.com/shikiho/

また、念のために書いておくと、自分自身で考えて付箋していくプロセスに価値があるのであって、はっしゃんの銘柄をコピーしているだけでは、投資家としての投資スキル向上効果はあまりないと思いますので、その点ご注意いただき、あくまで検証や参考としてご覧いただくのがよいかと思います。

それでは、これまで述べてきた注意事項に留意しつつ、実際に「はっしゃん式 四季報速読法」で四季報を読んでいってください。

「付箋を貼れる成長企業」が少ない理由

　さて、四季報の最終ページまで読んで付箋チェックはできましたか？

　付箋を実際に貼ると感じるのが、右肩上がり企業の少なさです。そもそも、なぜ右肩上がりの銘柄が少ないのでしょうか？

　疑問を持つ方もいるかもしれませんので、その理由について、はっしゃんの考えを書いておきたいと思います。

　まず、市場競争の社会では、全ての企業が勝ち組にはなれないということ。そして、株式市場で高評価を受けるのは、数少ない勝ち組企業であるということです。

　「8：2の法則（パレートの法則）」というものがあります。「社会の富の半数以上は、ごく少数の富裕層が握っている」という話を聞いたことのある方もいるでしょう。

　パレートの法則は、19世紀イタリアの経済学者ヴィルフレド・パレートが「人口の20％が、富の80％を所有している」ことを発見したことに由来する法則です。

- 顧客全体に占める優良顧客の割合
- 株式市場全体に占める優良企業の割合
- 世界全体に占める富裕層の割合

　などでも、細かい数字に差異はありますが、似たような傾向があります。

　成長企業が少ないのは、必ずしも日本に限ったことではなく、米国などでも同様です。米国株では、GAFAM（Google、Apple、Facebook、Amazon、Microsoftの頭文字から取った米国トップ企業を指す言葉）などの勝ち組企

業が目に付きますが、GAFAM以外に目を向けると、圧倒的強者との戦いに敗れ、いわゆる「負け組」となっている企業はたくさんあります。

　ただし、日本株には、それに追加して独自の事情もあります。それは、**日本がすでに人口減少社会に突入しているという事実**です。

　人口が減るということは、マーケットの総和が減少していくことであり、海外に進出して稼いでいる一部グローバル企業を除き、日本国内でビジネスをしている企業が成長を続けるのは、そう簡単ではないことを意味します。

　その対策として、政府からは、法人税を下げて海外企業を誘致したり、歴史や文化を前面に出して観光立国を目指すなどの動きもありますが、コロナウイルスの流行などの外的要因もあり、目論見通りにはいっていないようです。

　そのような状況によって現在、日本では右肩上がり企業の総数が減っているのです。

　もっとも、株式市場は全体として上昇傾向になったり、下落傾向になったりと、循環する傾向があります。場合によっては多くの銘柄が右肩上がりの時期に遭遇することがあるかもしれません。それがバブル相場でなければよいのですが……。

　本書では、第5章にて理論株価を通じて統計的に期待できる平均的な株価を考慮する方法も紹介します。

実際に付箋を貼ってみた結果

　第2章では四季報の付箋の貼り方を見てきたわけですが、サンプルとしてはっしゃんが『会社四季報2022年秋号』を速読して付箋をした結果を紹介します。チャート選びの参考としてください。

　また、同じ方法で、本書の担当編集者さんにもチャレンジいただきましたので、編集者さんの速読結果も（こちらはリストのみ）合わせて紹介します。

●はっしゃんが選んだ銘柄の一部

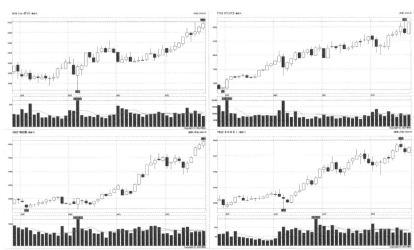

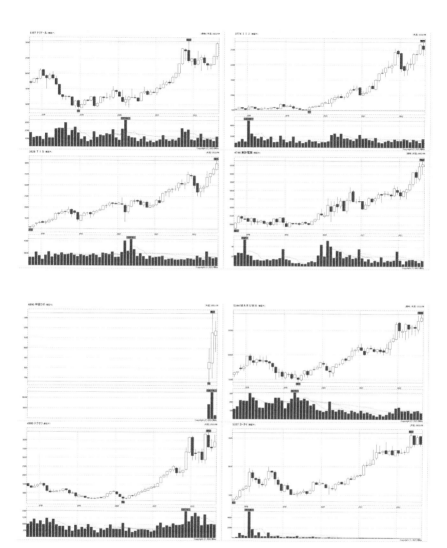

第2章　四季報速読法（ステップ1：付箋編）

●はっしゃんが付箋を貼ったリスト

1414	ショーボンド	7384	プロクレHD
1514	住石HD	7433	伯東
1518	三井松島HD	7550	ゼンショHD
2395	新日本科学	7562	安楽亭
2676	高千穂交易	7596	魚力
2986	LAホールデ	7733	オリンパス
2999	ホームポジ	7839	SHOEI
3187	サンワカンパ	8001	伊藤忠
3397	トリドール	8139	ナガホリ
3626	TIS	9086	日立物流
3774	IIJ	9101	郵船
4746	東計電算	9104	商船三井
4890	坪田ラボ	9107	川崎汽
4980	デクセリ	9229	サンウェルズ
5344	MARUWA	9248	人・夢・技術
5357	ヨータイ	9268	オプティマス
6338	タカトリ	9432	NTT
6919	ケル	9468	カドカワ
7187	ジェイリース	9552	M&A総研
7199	プレミアG	9927	ワットマン
7381	北国FHD		

　上記がはっしゃんが選んだリストで、次のページの表が担当編集者さんに付箋をしてもらったものです。○印が付いているのは、はっしゃんが付箋をしたものと同じ銘柄です。

　ちなみに、担当編集者さんが「はっしゃん式四季報速読法」を使って四季報を読んだのはこれが初めてでしたが、43社のうち28社（65%）が、はっしゃんと同じ付箋という結果になりました。

　同じ銘柄がたくさんありますが、選別を意識すると差異も出てくることが分かります。

●担当編集者が付箋を貼ったリスト

○	1414	ショーボンド		6590	芝浦メカ
○	1514	住石HD	○	6919	ケル
○	1518	三井松島HD	○	7199	プレミアG
	1775	富士古河	○	7381	北国FHD
	1820	西松建設	○	7384	プロクレHD
	1992	神田通信機		7433	伯東
○	2395	新日本科学	○	7562	安楽亭
○	2986	LAホールデ		7565	万世電機
○	3187	サンワカンパ		7596	魚力
	3496	アズーム	○	8139	ナガホリ
	3661	エムアップ	○	9086	日立物流
○	3774	IIJ	○	9101	郵船
	4299	ハイマックス	○	9104	商船三井
○	4746	東計電算		9107	川崎汽
	4828	ビジネス エンジニアリング	○	9229	サンウェルズ
	4966	上村工業	○	9268	オプティマス
	5284	ヤマウHD	○	9468	カドカワ
○	5344	MARUWA	○	9552	M&A総研
○	5357	ヨータイ		9827	リリカラ
	6078	バリューHR		9913	日邦産業
	6236	NCホール	○	9927	ワットマン
○	6338	タカトリ			

付箋から人気のトレンドやテーマを読む

　最後に、付箋をした銘柄の傾向を読むために付箋を貼った銘柄を業種別や市場別、直近上場別に分類して集計・分析する方法を紹介します。

第2章　四季報速読法（ステップ1・・付箋編）

①業種別分類：人気トレンドやテーマを読む
②市場別分類：大型株か小型株かの傾向を読む
③直近上場別：直近上場（IPO）の動向を読む

　業種は、四季報の右ページの場合は会社名の右に、左ページの場合は、資本・株価推移欄の左に記載されています。上場市場の分類は資本・株価異動欄の真ん中にあります。
　直近上場（IPO）かどうかは、付箋をした株価チャートのローソク足の開始が期間の途中（およそ4年未満の上場）かどうか見れば分かります。

　①の業種別分類は、どのようなセクターが市場から評価されているかを捉え、人気のトレンドやテーマを知るきっかけとなります。
　このような傾向は、年4回の四季報でも少しずつ変わっていきますので、「はっしゃん式 四季報速読法」を続けていくと、トレンドやテーマを読むスキルが向上することでしょう。

　続いて②の市場別分類は、プライム市場のような優良株が優位なのか、それとも小型株や新興株が優位なのかの目安になります。
　小型株や新興株は比較的値動きが軽く、市場が買い局面に入ると注目されやすい傾向にありますが、ここ数年間は少数にとどまっているようです。

　同様に、③直近上場（IPO）の数も、押さえておくとよいでしょう。
　時期を限らず、右肩上がりチャートに直近上場株が含まれる割合は高い傾向にありますが、上場から1〜2年ほど経過すると失速することが多くなります。

　ちなみに今回の「はっしゃん式 四季報速読法」を使った『会社四季

報2022年秋号』からのリスト41銘柄を分類した結果は右記の通りとなりました。

●付箋でリストアップした銘柄の分類の結果

①業種別の分類

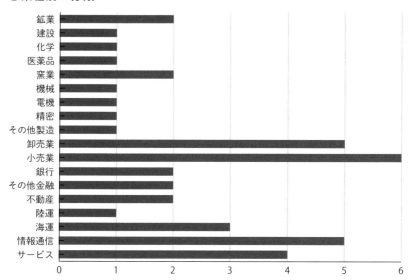

②市場別の分類

③直近上場の分類

今回の業種別分類の特徴の1つとして、鉱業（住石HD〈1514〉、三井松島〈1518〉）や海運（日本郵船〈9101〉、商船三井〈9104〉、川崎汽船〈9107〉）といったセクターが入ってきている点です。

下記にこの中から4銘柄の株価チャートを掲載しました。

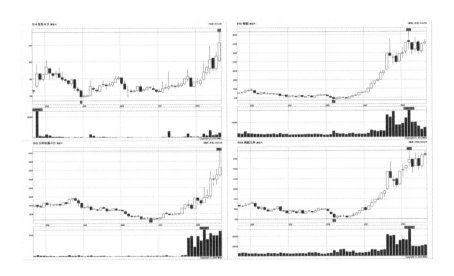

株価チャートを見ると、海運の2社にはコロナショック後から上昇し始めたという共通点があり、鉱業2社は、ロシアのウクライナ侵攻をきっかけに躍進したことが分かります。

それぞれには、コロナの影響による物流のパラダイムシフト、ロシア・ウクライナ紛争によるエネルギー価格の上昇という理由があります。

特定の業種に共通したトレンドやテーマが確認できると、まだ上昇していない同業他社の中で同じように恩恵を受ける銘柄がないのかを探したり、トレンドやテーマの背景を深読みすることで、どのような条件が発生すると追い風になり、逆にどうなるとテーマが終わるのかもある程度予想できるようになってきます。

成長株候補として投資先を検討するならば、

- 上昇余地が大きいトレンドやテーマ
- 長期間持続しそうなトレンドやテーマ

を探すとよいでしょう。

　もっとも、トレンドやテーマの大きさや持続性は、未来の出来事によって大きく変わることがあるため、柔軟に考えておきましょう。

　このように、**四季報速読と付箋を通じた分析を四季報が発売されるごとに行っていくことで、国際情勢や人気業界といった社会トレンドを定点観測できることになります。**

　これらを繰り返していくことで、投資スキルは少しずつ向上していくことでしょう。

　株価だけを見てなんとなく時間を過ごしている人と、四季報に付箋を貼ってトレンドやテーマを読み、よりよい銘柄を考えるプロセスを続けている投資家とでは、結果に違いが出てくるのではないでしょうか。

●はっしゃん式四季報速読まとめ図

筆頭株主が創業社長か
創業者の持ち株比率 50% 以上か
創業家リスクはないか
外国人持株比率が低すぎない
機関投資家が株主かどうか
上場企業の子会社に注意

見出しが強気かどうか
【最高益】【増益】【増額】
【増配】【続伸】【上方修正】
【上振れ】【反発】【好調】
など

★はっしゃん式速読【ステップ1】
チャートを選ぶ
　形：右肩上がり
　色：陽線が多い
最高値：半年以内に高値更新

ROE が
持続可能
な水準か
最低 8% 以上
推奨 10% 以上

事業末尾の
海外比率
に注目
最低 10% 以上
理想 30% 以上

比較会社の
業績を
確認して
同業他社比較
で分析する

前号比から
変化している
理由を確認
会社比が違う
理由は？

★はっしゃん式速読【ステップ2】
売上と経常利益が増収増益かをみる
　未来：二期予想が増収増益か
　過去：業績推移が増収増益か
予想は当たり外れがあるので過信しない

利益と配当の
バランスは適切か
無理をして
配当をしていないか

従業員数：企業の規模感を確認
平均年齢：企業年齢と成長性を確認
平均年収：コスト構造を確認
前号との変化も見る

四季報速読法
（ステップ2：業績解読編）

本章では、「はっしゃん式 四季報速読法」のステップ2を解説します。

　ここからは、四季報の速読が完了し、付箋が貼られた状態の四季報を使っていきます。

　このステップ2「業績解読編」では、四季報の業績推移欄を使って付箋した銘柄を選別していきます。

　続いて、業績チェック時に業績推移欄以外であわせてチェックしておきたい四季報のチェックポイントも解説します。

　なお、早く進めたい方は【ステップ2】を省略して【ステップ3】に進む方法もあります。この場合は第5章を先に読んでください。

　基本をしっかり学習したい方は、ステップ2がおすすめです。では、見ていきましょう。

速読法ステップ2の①
四季報から「業績」をチェックする

　ステップ1が終わり、最終ページまで付箋貼りが終わったら四季報の業績推移欄から付箋をした銘柄の業績を確認して、株価と業績が連動した右肩上がりの成長株を選別していきます。

　業績推移欄は、四季報の各銘柄の左下に用意されています。

　ここからは、付箋時と比べると、少しばかり時間が必要になりますが、業績確認に1銘柄1分必要だとすると、50銘柄の場合で50分程度といったところです。

　確認するのは、「売上」と「経常利益（または税引前利益）」の推移です。

　四季報の銘柄欄左下の業績推移欄には、売上や利益の推移が並んでいます。

●「はっしゃん式 四季報速読法」で2番目にチェックするところ

| ①株価チャート | | ①株価チャート | | ①株価チャート | | ①株価チャート | |

⑩業種・前号比・会社比

⑥株価・資本推移 ⑤財務指標 ④株主欄 ③業績解説 ②会社名 ⑥株価・資本推移 ⑤財務指標 ④株主欄 ③業績解説 ②会社名

⑩業種・前号比・会社比

⑨業績推移　純資産 ⑧配当 ⑦住所・会社情報など　⑨業績推移　純資産 ⑧配当 ⑦住所・会社情報など

⑥株価・資本推移 ⑤財務指標 ④株主欄 ③業績解説 ②会社名 ⑥株価・資本推移 ⑤財務指標 ④株主欄 ③業績解説 ②会社名

⑨業績推移　純資産 ⑧配当 ⑦住所・会社情報など　⑨業績推移　純資産 ⑧配当 ⑦住所・会社情報など

↓

【業績】	売上高	営業利益	経常利益	純利益	1株利益	1株配
20.3	20,000	2,000	2,100	1,200	100.0	10.0
21.3	22,000	2,300	2,400	1,400	120.0	11.0
22.3	25,000	2,600	2,700	1,600	140.0	12.0
23.3予	27,000	3,000	3,100	1,800	160.0	13.0
24.3予	30,000	3,500	3,700	2,000	180.0	15.0

　上の表の例のように売上と経常利益（または税引前利益）が継続して成長し続けているかがポイントです。

「売上」や「利益」の意味をしっかりと理解しておく

　四季報の業績推移欄は、決算書の売上や利益を時系列でまとめたもの

です。

　ここからは、売上や利益といった最低限の決算書の知識も必要になってきますので、売上や利益の推移を見ていく前に業績推移欄に出てくる用語について簡単に表にまとめておきます。

●業績推移欄に出てくる用語

用語	意味
売上高	企業が商品やサービスの対価として得られた売上金額の合計
営業利益	売上から売上原価や販管費コストを引いて残った利益
経常利益	営業利益に営業外損益を加算した利益
税引前利益	経常利益に特別損益を加算した利益
純利益	税引前利益から法人税等を引いて残った利益
1株利益	1株あたりに換算した純利益
1株配	1株あたりの配当金

※売上原価とは、商品の仕入れや製造にかかった費用（水道光熱費や製造部門の人件費）のことです。

※販管費とは、「販売費及び一般管理費」の略称で、営業部門の人件費や交通費、広告宣伝費などの経費のことです。

※営業外損益とは、企業が本業以外の活動で得た利益や損失のことです。持分子会社からの利益や為替差益などがあります。

※特別損益とは、臨時に発生する損益です。固定資産の売却益や評価損などがあります。

※四季報に掲載される利益の種類は会計基準（日本基準、IFRS、米国基準などがあります）によって異なる場合があります。

　これらの用語の中には「はっしゃん式 四季報速読法」を使う場合には出てこないものもありますが、今後、株式投資を始めるに際して知っておいて損はありませんので、この機会に覚えてしまいましょう。

　また、四季報の業績推移欄は、決算書の損益計算書（PL）を中心にピックアップされています。損益計算書の売上高や利益の関係をビジュアル化したのが次のチャート図です。

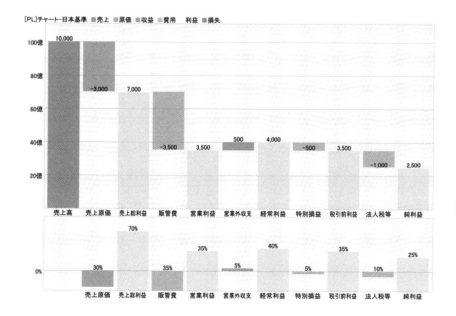

[PL]チャート−日本基準 ■売上 ■原価 ■収益 ■費用 ■利益 ■損失

売上から原価コストや経費コストを引いていくので、利益には複数の種類があることが分かると思います。

売上高は1種類しかありませんが、営業収益などのように会計基準によって呼び方が違う場合もあります。ただし、四季報では、左端に記載されるようになっているので迷うことはないでしょう。

本章「業績解読編」では、これらの指標から、左端の売上高（営業収益のように呼び方が違う場合もある）と経常利益（経常利益がない場合は税引前利益）の2つに絞ってチェックします。

たくさんある利益の中から経常利益（または税引前利益）を選ぶ理由は、それが営業利益に加えて、文字通り経常的に受け取っている営業外の損益（持分子会社収益など）を加えたもので、**企業の実力を連結で評価するのに最も適した利益であるためです。**

速読法ステップ2の②
「売上」と「利益」が伸びているか確認する

　四季報には過去数年の業績推移と今期・来期の二期予想が記載されています。この中で特に注目されるのが今期と来期の予想です。**売上と利益がそれぞれ10%以上伸びていれば合格です。**

　それぞれの伸びは電卓で計算してもよいですが、時間がかかるので、パッと見て数字が年々伸びていることを確認する程度でも問題はありません。

●**成長株の分類表**（売上と利益の伸び）

0%未満	×	問題外（非成長株）
10%未満	△	低成長株（将来性があれば）
10%以上	○	普通の成長株
20%以上	◎	高成長株
30%以上	◎	超高成長株

　成長株の分類表のように10%以上の伸びが成長株としての合格ラインになります。業績の伸びは、売上・利益ともに伸びていることが重要ですが、**より重要なのは売上の伸びになります。**

　売上を重視する理由は、持続的成長から考えた場合、より長い効果が期待できるからです。

● 売上の伸び
　市場全体が伸びていたり、市場内シェアが拡大するなど、長期的な上昇につながりやすい。売上2倍なら利益も2倍に。売上が3倍になれば、利益も3倍が期待できる。

● 利益の伸び

　経営効率化や合理化など、企業努力による改善には限界があり、持続的な成長とはなりにくい。売上の伸びなしに利益だけを2倍にしても限界があり、3倍は難しい。

　従って、売上の伸びが顕著であれば、利益が一時的に減少していたり、仮に赤字の場合でも許容する場合もありますが、このあたりの判断は、投資家の好みによって異なってきます。

○	売上も利益も10％以上伸びている
△	売上は10％以上伸びているが利益は10％未満
△	売上は10％以上伸びているが利益は赤字（改善）
△	売上は10％以上伸びているが利益は減少
×	売上は10％以上伸びているが利益は赤字（悪化）
×	売上伸び10％未満がある
××	売上が減少している

　数字だけで迷ってしまう場合は、四季報の業績解説を読んで会社の強みや今後の見通しなどを確認して判断するのも手です。
　よりよいのは、会社のWEBサイトで会社情報や決算まで確認することですが、それにはもっと多くの時間がかかるので、この段階では四季報の情報だけで判断するようにしましょう。

速読法ステップ2の③
過去から連続して増収増益になっているか確認する

　過去の業績は、これまでの成長経過を表します。四季報には、過去3

〜5期程度の情報が掲載されています。

　過去業績は、辿れる分まで全て増収増益であることが望ましいですが、必須条件というわけではありません。より重要なのは、過去よりも未来のほうだからです。

　ただし、過去に減収や減益になっている企業は、今後も同じような状況が発生すると、そうなる可能性があることを示します。もちろん、全て増収増益の企業であっても、いつかは減益になる可能性はあるわけですが、減収や減益になったことがある企業は、その確率が高いと考えておきましょう。

　企業が健全な成長期に入っている場合は、増収増益が続くようになります。

　業績チェックのステップは、投資候補を選別していく段階ですが、実際に投資するか判断する場合には、過去に減益があった場合は、その理由を確認して同じ状況が発生するリスクを考えておく必要があります。

「四季報予想」の注意点

　これまで紹介してきました業績チェック時の注意点は、銘柄の選別が四季報の二期予想に依存してしまうことです。四季報予想は、会社予想や決算の実績から算出した四季報編集部の独自予想になっています。参考になることは事実ですが、残念ながら外れることもあるので、その点には注意してください。

　特に投資家として中上級者の場合で投資家自身に業界に詳しい知識がある場合や投資家自身の見通しが四季報と異なるような場合は、必ずしも四季報を優先する必要はありません。

そういった方ではない場合やもちろん初心者の方は四季報予想をベースにして全く問題ないでしょう。

　また、**二期目の予想は特に精度が低くなる点も覚えておきましょう。**これは、四季報の予想精度が低いというよりも、それ以上に未来の不確実性が高いというべきです。

　2020年代前半だけ見ても、コロナウイルスの流行、ロシア軍のウクライナ侵攻など、企業業績に大きな影響を与えた出来事がありましたが、これらを事前に的確に予測できるという人はいません。これらの出来事がなければ、企業業績は全く違ったものになったはずです。
　それ以前でも、チャイナショック、東日本大震災、リーマンショック、ライブドアショック、NY同時多発テロ、ITバブル崩壊のように、2〜3年に1回程度の割合で企業業績に大きな影響を与える出来事が発生しています。

　はっしゃんは、長期指向で5年後10年後の未来を考えて投資していますが、それは5年後10年後の未来を予想して的中させるようなことではなく、1年1年の予想を積み重ねて、運の要素も含めて、それを続けることができた結果だと考えています。

速読法ステップ2の④付箋を剥がすか色を変えて残す

　さて、業績チェックの結果、付箋を貼った銘柄を成長株候補から外す場合に2種類の対応方法があります。

- 明らかな対象外：付箋を剥がす
- 補欠候補：付箋の色を変えて残す

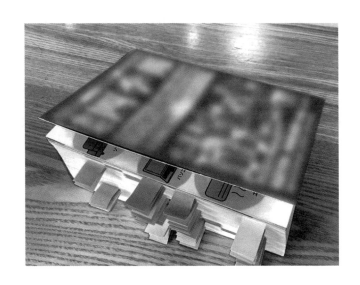

　明らかな対象外として付箋を外すのは、売上がほとんど伸びていなかったり、赤字が連続しているような場合です。このような場合は、思い切って付箋を剥がしましょう。

　それ以外は、**補欠候補として付箋の色を変えて残しておきます**。これは補欠から復活して成長株候補となる銘柄がしばしば出現するためです。

　はっしゃん自身、四季報の速読を続けていて、業績チェックで外した銘柄が好決算や上方修正を発表したり、あるいは画期的な新商品や新サービスを開始するなど、市場評価の高かった理由が後から判明するケースはよくあります。

　この事実は、補欠銘柄も調べると投資候補になりうることを示しています。本書では、第4章ではっしゃんの過去の四季報速読結果と付箋銘柄の状況を追体験として紹介しますので、その点に注目して読んでみていただければ実感してもらえると思います。

実際に業績チェックをしてみた結果

　それでは、前章で、はっしゃんが付箋をした41銘柄を本章の業績チェックでスクリーニングした結果がどうなったかを見てみましょう。

- 41社のうち成長株候補として残したのは19社
- 残りの22社のうち、11社が補欠候補で、その他の11社が対象外

　特に業種別分類で特徴の1つとして紹介した鉱業（住石HD〈1514〉、三井松島〈1518〉）や海運（日本郵船〈9101〉、商船三井〈9104〉、川崎汽船〈9107〉）は、四季報の二期目予想がいずれも売上マイナスとなり、業績チェックで対象外になりました。

●はっしゃん付箋リスト41社の仕分け結果

△ 1414　ショーボンド	△ 5344　MARUWA	× 8001　伊藤忠
× 1514　住石HD	× 5357　ヨータイ	△ 8139　ナガホリ
× 1518　三井松島HD	○ 6338　タカトリ	× 9086　日立物流
○ 2395　新日本科学	△ 6919　ケル	× 9101　郵船
○ 2676　高千穂交易	○ 7187　ジェイリース	× 9104　商船三井
○ 2986　LAホールデ	○ 7199　プレミアG	× 9107　川崎汽
○ 2999　ホームポジ	△ 7381　北国FHD	○ 9229　サンウェルズ
○ 3187　サンワカンパ	△ 7384　プロクレHD	○ 9248　人・夢・技術
× 3397　トリドール	△ 7433　伯東	△ 9268　オプティマス
△ 3626　TIS	○ 7550　ゼンショHD	△ 9432　NTT
○ 3774　IIJ	× 7562　安楽亭	△ 9468　カドカワ
○ 4746　東計電算	× 7596　魚力	○ 9552　M&A総研
○ 4890　坪田ラボ	○ 7733　オリンパス	○ 9927　ワットマン
○ 4980　デクセリ	○ 7839　SHOEI	

○ 成長株候補：19社　　△ 補欠候補：11社　　× 対象外：11社

選んだ投資候補から削除をする条件

　業績チェックは、**最終的な投資判断をするステップではなく、新規の成長株候補として加えるかを判断するためのもの**です。

　従って、付箋をしなかった銘柄が投資不適格というわけではありません。ここは、誤解しやすい部分なので念のためにもう少し詳しく説明しておきましょう。

　業績チェックで付箋を絞り込み、新規投資候補をピックアップするフローを年4回分まとめたのが次の図です。

成長株の 新規投資候補	← 四季報秋号から新たに追加する成長株候補
	← 四季報新春号から新たに追加する成長株候補
	← 四季報春号から新たに追加する成長株候補
	← 四季報夏号から新たに追加する成長株候補

　四季報を速読して付箋を貼り、業績チェックを通過した銘柄は、新規投資の候補として新たに追加される旬の成長株候補です。

　これらのステップは、毎年4回の四季報発売に合わせて継続していくものです。

　四季報速読が2回目の場合、半分程度が前回と同じ銘柄になることは珍しくありませんし、速読を10回以上続けていくと、新しい銘柄は2〜3割といったこともあるでしょう。

　しかし、投資候補として過去にストックした銘柄が、新規候補から外れたからといって投資候補から外す必要はありませんし、すでに投資している場合でも、それを理由に売る必要もありません。

例えば、先に紹介した、はっしゃんの付箋リストで業績チェックから付箋を外した海運株は、安い時に仕込めていればすでに株価10倍を達成した10倍株です。海運株は、四季報予想がピークアウト傾向であると出たため、新規の投資候補としては適切ではありませんが、それがただちに継続保有NGとはならないということです。

　投資判断については、第5章で詳しく紹介しますが、新規投資候補の追加とは別で、株価と理論株価の関係で考えていくことになります。

　四季報は年4回発売されますので、新しい四季報から旬の付箋銘柄を追加していくと投資候補が多くなり過ぎて、だんだん管理が難しくなってきます。

　そのため、投資候補は定期的に削除します。はっしゃんは管理できる上限として投資候補100銘柄程度までが現実的と考えています。

　候補が100銘柄を超えるような場合は、投資候補同士を比較して厳選するとよいでしょう。

　投資候補の削除基準は次のようなものになるでしょう。

- しばらく最高値を更新していない（最高値から時間経過の大きい順）
- 株価が付箋をした時よりも下落している（株価の下落率が大きいもの）
- 下方修正や決算発表で企業価値が低下した（付箋時よりも状況が悪化）
- コロナショックなど外的要因で優位性が低下した（付箋時よりも状況が悪化）

投資候補を上手に管理する方法

　最後に付箋銘柄を管理する3つの方法を紹介します。

　それぞれにメリット、デメリットがあるので使いやすい方法を選びましょう。

　ちなみに、はっしゃんは独自に開発したポートフォリオ管理アプリ「株Bizポートフォリオ」を使用しています。

❶ 最新の四季報で管理する

　四季報の付箋を貼り替えていく方法です。最新の四季報に付箋を完了した後、前号の四季報の付箋を最新号に付け替えていきます。重複銘柄はそのまま残しておきます。

　次のように引き継いだ付箋の色を変えておくと分かりやすくなります。

　新しい候補銘柄　　：青

　引き継ぎ候補銘柄：赤

　補欠銘柄　　　　　：黄

　四季報1冊で銘柄管理できたり、メモを書き込んだりできる手軽さが利点ですが、四季報を新しくするたびに付箋を付け替えるのは面倒かもしれません。

❷ Excelで管理する

　Excelに銘柄コードや会社名などの情報を書き込んでいく方法です。はっしゃん自身もExcelを使って管理していました。その時に使っていたテンプレートが次のページの図のようなものです。

このシートでは、銘柄コード、銘柄名、市場区分、業種、上場日を入力して、市場や業種の割合、上場3年未満のIPO株の比率、業績チェック評価の割合などを集計するようになっています（上場日は四季報の②会社名ブロック右下に年月の単位で記載されています）。

Excelは、自分が必要とする情報を独自にカスタマイズして管理するのにも便利なツールです。

● はっしゃんのExcelファイルを使った銘柄管理画面

	A	B	C	D	E	F	G	H	I	J	K
1	評価	コード	銘柄	市場	業種	上場日	2019/5/30		■市場		
2	○	2130	メンバーズ	東証P	サービス	2006/11/2	12.6		東証P	37	78.7%
3	○	2180	サニーサイド	東証P	サービス	2008/9/5	10.7		東証S	3	6.4%
4	○	2317	システナ	東証P	情報通信	2002/8/27	16.8		東証G	6	12.8%
5	○	2326	デジアーツ	東証P	情報通信	2002/9/19	16.7		名証	1	2.1%
6	○	2384	SBSHD	東証P	陸運	2003/12/15	15.5		福岡	0	0.0%
7	○	2412	ベネ・ワン	東証P	サービス	2004/9/17	14.7		札幌	0	0.0%
8	○	2471	エスプール	東証P	サービス	2006/2/10	13.3		廃止	0	0.0%
9	○	3038	神戸物産	東証P	卸売業	2006/6/8	13.0		小計	47	100.0%
10	○	3479	TKP	東証G	不動産	2017/3/27	2.2		■業種		
11	○	3665	エニグモ	東証P	情報通信	2012/7/24	6.9		水産・農林	0	0.0%
12	○	3830	ギガプライズ	名証	情報通信	2006/12/15	12.5		鉱業	0	0.0%
13	○	3836	アバント	東証P	情報通信	2007/2/8	12.3		建設	0	0.0%
14	○	3923	ラクス	東証P	情報通信	2015/12/9	3.5		食品	0	0.0%
15	○	3930	はてな	東証G	情報通信	2016/2/24	3.3		繊維	0	0.0%
16	○	3969	エイトレッド	東証S	情報通信	2016/12/22	2.4		紙・パルプ	0	0.0%
17	○	3983	オロ	東証P	情報通信	2017/3/24	2.2		化学	1	2.1%
18	○	4348	インフォコム	東証P	情報通信	2002/3/19	17.2		医薬品	1	2.1%
19	○	4384	ラクスル	東証P	情報通信	2018/5/31	1.0		石油	0	0.0%
20	○	4397	チムスピ	東証G	情報通信	2018/8/22	0.8		ゴム	0	0.0%
21	○	4587	ペプリ	東証P	医薬品	2013/6/11	6.0		窯業	0	0.0%
22	○	4686	ジャスト	東証P	情報通信	1997/10/16	21.6		鉄鋼	0	0.0%
23	○	4722	フューチャー	東証P	情報通信	1999/6/22	20.0		非鉄金属	0	0.0%
24	○	4800	オリコン	東証P	情報通信	2000/11/6	18.6		金属製品	0	0.0%
25	○	4921	ファンケル	東証P	化学	1998/11/12	20.6		機械	1	2.1%

第4章では、このExcelテンプレートと同じ項目を使って、3年半の付箋銘柄の変化や傾向についてケーススタディしていきます。

Excelテンプレートは、本書の購入特典としてダウンロードできるようにしますので、積極的に活用してください。

● はっしゃんの使っていた四季報付箋管理用Excelテンプレート
ダウンロード先はこちら
https://www.shoeisha.co.jp/book/download/9784798178899/detail

❸ ポートフォリオツールで管理する

　ツールで管理する方法もあります。ここでは、無料で使えるヤフーファイナンスのポートフォリオツールと、はっしゃん監修の株Bizポートフォリオの例を紹介します。

　「Yahoo!ポートフォリオ」では、最新株価を表示したり、付箋時の株価を入力することで、その後の株価変化を見たり、決算情報を表示したりできる点も便利ですが、最大登録数が1ページあたり50銘柄までという制限があります。

●Yahoo!ポートフォリオの画面

削除	編集	コード・市場・名称	チャート	現在値	前日比	掲示板
☒	✎	1414　東証PRM ショーボンドホールディングス(株)		5,660 12/23	-40 -0.70%	掲示板
☒	✎	1514　東証STD 住石ホールディングス(株)		388 12/23	-19 -4.67%	掲示板
☒	✎	1518　東証PRM 三井松島ホールディングス(株)		3,015 12/23	-65 -2.11%	掲示板
☒	✎	2395　東証PRM (株)新日本科学		2,192 12/23	+26 +1.20%	掲示板
☒	✎	2676　東証PRM 高千穂交易(株)		2,113 12/23	+10 +0.48%	掲示板
☒	✎	2986　東証GRT (株)ＬＡホールディングス		3,665 12/23	-110 -2.91%	掲示板
☒	✎	2999　東証STD ホームポジション(株)		509 12/23	-9 -1.74%	掲示板
☒	✎	3187　東証GRT		1,312	-84	掲示板

　はっしゃんが監修する株式サイト【株Biz】でもポートフォリオ機能を用意しています。こちらは資産管理よりも銘柄管理的な位置づけのツールです。

　第5章で詳しく紹介する理論株価の簡易チャートを表示したり、理論

株価電卓や決算情報など他の【株Biz】のページへもリンクできるようになっています。

●【株Biz】のポートフォリオ機能の画面

会社名	理論株価	上昇余地	決算	株Bizリンク	
6298 ワイエイシイ			2022-11-14	≡ 10 ≡ .iI .iI ≡ ≡ ◎電卓	✕削除
7453 良品計画			2023-01-06	≡ 10 ≡ .iI .iI ≡ ≡ ◎電卓	✕削除
7084 キッズSHD			2022-11-14	≡ 10 ≡ .iI .iI ≡ ≡ ◎電卓	✕削除
1518 三井松島HD			2022-11-11	≡ 10 ≡ .iI .iI ≡ ≡ ◎電卓	✕削除
6619 WSCOPE			2022-11-11	≡ 10 ≡ .iI .iI ≡ ≡ ◎電卓	✕削除
4636 T&K			2022-11-07	≡ 10 ≡ .iI .iI ≡ ≡ ◎電卓	✕削除
9107 川崎汽			2022-11-04	≡ 10 ≡ .iI .iI ≡ ≡ ◎電卓	✕削除
9101 郵船			2022-11-04	≡ 10 ≡ .iI .iI ≡ ≡ ◎電卓	✕削除
9558 ジャパニアス			2023-01-10 ne	≡ 10 ≡ .iI .iI ≡ ≡ ◎電卓	✕削除
7610 テイツー			2022-10-14	≡ 10 ≡ .iI .iI ≡ ≡ ◎電卓	✕削除

 理論株価で企業価値が見える株Bizポートフォリオ

https://kabubiz.com/portfolio/

四季報の「会社情報欄」を読み解く

ここでは、業績チェック時に合わせてチェックしておきたい、その他の会社情報を紹介しておきます。

四季報には、最新の会社情報がコンパクトにまとめられています。付箋した銘柄をより詳しく知るために会社情報欄をより有効に活用しましょう。

下記が実際の会社情報欄に記載された情報例です。これらの読み方を①～⑩までのブロックごとに解説します。

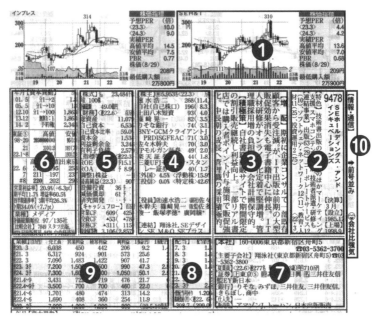

『会社四季報 2022 年秋号』より ©東洋経済新報社

❶ 株価チャート

　4年分の月足チャートです。第2章の「ステップ1付箋編」で詳しく説明していますので、そちらをご覧ください。

❷ 会社名ブロック

　会社名やその特色などが記載されたブロックです。

　【特色】を読むと、どういう会社かが分かります。

　【事業】は、会社の事業ポートフォリオが割合で示されているので参考になります。

【事業】欄の末尾に【海外】の表示がある場合は、海外比率が確認できるので、これも要チェック項目です。

　本書の版元、翔泳社（SEホールディングス・アンド・インキュベーションズ〈9478〉）の場合は「記載なし」になっていますが、海外比率が重要な理由は、第2章でも述べた通り、人口減少社会に突入している日本の国内市場だけでは企業の成長に限界があるためです。実際に、海外に進出して売上を上げている企業の方が評価されやすい点もあります。

　未来志向で投資先を考える場合は、上場から日が浅い新興企業を除くと、海外比率は最低10％以上、できれば30％以上で伸張していることを条件としたいものです。

- 海外比率の最低水準：10％以上
- 海外比率の理想水準：30％以上

❸ 業績ブロック

　決算書の業績状況に該当するもので、企業の近況が分かるので読んでおきましょう。

　決算書を読んでいる場合でも、四季報独自の取材内容が書かれていることもあり、有益なことも多い欄です。なお、見通しは四季報の取材時点のものなので、外れることもあります。

　また、業績予想記事の見出しは、四季報評価の総合評価指標としても便利です。実際にポジティブな表現だと株価も上昇傾向で、ネガティブ評価だと四季報からの弱気メッセージとなりますので見出しもチェックしておくとよいでしょう。

● 業績予想記事の見出し

良い見出しの例	【最高益】【増益】【増額】【増配】【続伸】 【上方修正】【上振れ】【反発】【好調】
悪い見出しの例	【赤字】【減益】【減額】【減配】【続落】 【下方修正】【下振れ】【反落】【低調】

❹ 株主欄ブロック

　株主の横の数字が保有株数、カッコ内が保有比率になっています。**株主構成は企業の株主の質を見るのに非常に重要な指標で、チェックしておきたい項目です。**具体的に見るべき点は下記の通りです。

a：筆頭株主が創業社長であるかどうか

　筆頭株主とはリストの最初に記載されている人（法人含む）で、特に新興企業の場合は、筆頭株主が創業社長であり、かつ社長自身の持株比率が50％を超えていることが伸びる条件の1つとされています。

　優秀な社長が経営手腕を発揮するためには、株主権限をしっかり持っていることが重要というわけです。株主比率が50％を割ると、保守的なステークホルダーの反対が出たりするなど、リーダーシップを発揮しづらくなる場面が出てきます。

b：創業家がリスク要因になっていないか

　創業社長が引退して、2代目、3代目となってくると、創業家の株式が分散してくるため、権限が分散して社内対立が生まれるなど、成長を阻害する要因が出てくることがあります。場合によっては創業家の内部対立による「お家騒動」などが発生するリスクも出てくるので注意が必要です。

c：外国人持株比率が高いかどうか

　外国人持株比率は、中段に「〈外国〉35.5％」のように記載されてい

ます。

　株価が上昇するかは、外国人投資家の動向にも左右される傾向にあるため、外国人持株比率は、高い方がよいとされる指標です。

　外国人投資家から評価されている企業の目安としては、外国人持株比率20%以上となるでしょう。

●外国人持株比率の目安

比率0%	注目されていない
比率10%未満	あまり注目されていない
比率10%〜20%	やや注目されている
比率20%〜30%	注目されている
比率30%〜40%	かなり注目されている
比率40%〜50%	非常に注目されている。外資系企業の場合も

　外国人持株比率は、増加傾向だと株価も堅調になりやすく、前号からの変化も重要になります。付箋銘柄をExcelなどで管理している場合は、メモしておくと便利な項目です。

　また、外国人持株比率が50%を超えると外資系企業になります。外資系企業は、それほど多くありませんが、有名企業が揃っています。日本マクドナルド〈2702〉のように外国人持株比率が50%未満であっても筆頭株主が外資系企業のケースもあります。

- 日本オラクル　　：外国86.3% 米国系企業
- シャープ　　　　：外国69.2% 台湾系資本企業
- 日本マクドナルド：外国49.0% 筆頭株主は米国企業

d：著名な機関投資家が株主になっているか

　株主欄を調べていると、「ノルウェー政府」のように機関投資家名が記載されていることがあります。これは、ノルウェー政府年金基金による保有を表しており、著名な外国人機関投資家が株主となっており、よい兆候といえます。

　『四季報2022年秋号』では、キーエンス〈6861〉の株主欄を見ると、「ノルウェー政府」が297万株（1.2%）保有していることが分かります。

　日本の機関投資家としては、「光通信」やその創業者である「重田康光」氏も有望銘柄の株主欄でよく見かけられます。

　光通信は、ITバブル上場で手にした潤沢な資金で投資活動を行っており、投資家としても存在感を持っています。

e：上場企業が株主になっている場合

　上場企業が株主となっている場合は、その企業と資本関係にあることを意味します。このような場合は親会社もチェックするようにします。

●持株比率の目安

50%以上	連結子会社。決算は親会社に連結計算される
20%-50%	持分法適用子会社。決算は営業外収支として計上される
20%未満	関連会社。資本関係はあるが親会社の決算に影響しない

　たくさんの子会社が親子上場している企業グループには、ソフトバンク系、GMO系、イオン系などがありますが、下記のようなデメリットもあるので注意してください。

- 少数持分の株主意向が反映されにくくなる
- 株主による監視機能が形骸化する恐れがある
- 資本効率の低下や悪材料発生時の株価連鎖安リスクがある

❺ 財務情報ブロック

　決算書のバランスシートやキャッシュフロー計算書に相当する財務情報やROE（株主資本利益率）、ROA（総資産利益率）といった経営効率を表す重要指標が掲載されています。

　ここは重要情報ではあるものの、決算書を見ている投資家にとっては決算の結果がまとめて掲載されているところの位置づけです。四季報の発売の1ヶ月後には、次の決算発表が始まりますので、決算発表後には情報が古くなってしまう点にも留意しておきましょう。

　このブロックで最も重要な項目は、理論株価でも使用する ROE になります。ROE は、2014年に経産省プロジェクトでまとめられた通称「伊藤レポート」でも企業が持続的に成長するための最低限のラインとして提言されました。

> ●「伊藤レポート」による ROE の目安
>   ROE　8％以上：持続的な成長に最低限必要な水準
>   ROE10％以上：持続的な成長に好ましい水準
>
> 【参考】「持続的成長への競争力とインセンティブ
>   　　～企業と投資家の望ましい関係構築～」プロジェクト（伊藤レポート）
> https://www.meti.go.jp/policy/economy/keiei_innovation/kigyoukaikei/pdf/itoreport.pdf

　はっしゃんも、ROE を評価項目に組み込んで理論株価を開発していますが、ROE の水準によって企業価値は全く異なります。

　特に長期投資を前提とし、持続的な成長が期待されうるケースについては、ROE8％未満（持続的な成長に最低限必要な水準を未達）の企業は、投資対象として適格か厳しく評価する必要があります。

❻ 資本・株価推移ブロック

　上段の方には、増資や分割、株価の高値・安値が記載されています。重要な情報ですが、過去の記録でもあるので優先度は高くありません。はっしゃんが付箋を貼った場合、この欄の一部が隠れてしまうことがあります。

　下段には、【比較会社】という項目があって、同業他社比較の目安になる企業が3社ほど記載されています。

　はっしゃんは、投資候補を検討する時に、同業他社比較を行い、同業他社に対する優位性を確認するようにしています。

　四季報記載の比較会社3社は同業他社比較に使えるという意味で有用です。

❼ 住所・会社情報ブロック

　上段は、住所など基本情報なので重要度は低く、付箋を貼って隠れていることもありますが、気にする必要はありません。

　中段の【従業員】は、従業員の属性を確認できる有用情報です。

従業員数：従業員数から企業の規模感を確認できる
平均年齢：従業員の若さを確認できる
平均年収：従業員の平均年収を確認できる

　従業員数は、前号からの比較を見ることで企業の成長度や急成長リスクを確認できます。成長企業は従業員数を増やす傾向にありますが、増やし過ぎると人件費負担が重くなって、利益が減少してしまうこともあります。

　売上成長と従業員を増やすタイミングによっては、一時的に利益が減少して株価が下がる（グリッチと呼ばれます）こともあります。このタイミングは、投資チャンスになりえますが、同時に成長倒れになるリスクも

ある状態です。

　平均年齢は、基本的に若い企業ほど活力があり、成長余地が高い企業と評価します。

●従業員の平均年齢の目安

50代以上	高齢社員多め
40代以上	普通
30代後半	やや若い
30代前半	若い
20代	とても若い

　年収の高い企業は、優良企業や研究開発型企業に多く、低い企業は、薄利多売なビジネスモデルで多く見られます。

●年収から見る企業の目安

1000万円以上	超高年収企業
700万円以上	高年収企業
500万円以上	普通年収企業
500万円未満	低年収企業
400万円未満	超低年収企業

　高年収の人材は、獲得競争が激しく、獲得し難いという問題があり、逆に低年収の人材に頼っている企業には、最低賃金が上昇すると企業業績が悪化しやすいという問題があります。
　従業員年収は、社会情勢の変化と合わせて企業の業績動向を読むカギにもなります。

❽ 配当ブロック

　配当推移が掲載されています。配当は株価にも影響を与えますのでチェックしておきましょう。

　配当の注意点は、原資となる利益との比較です。1株利益の増え方と1株配当の増え方がバランスよく推移しているか確認します。

　例えば、1株利益がそれほど増えていないのに、配当を増やしている状態はあまりよくありません。今は配当金を拠出できていても、将来的には利益に合わせて減配となる可能性があり、そうなった場合は株価にマイナスの影響を与える可能性があります。

　配当重視の企業では、利益の何パーセントを配当とするか（配当性向といいます）を決めている場合があります。この場合でも、利益が増えないと配当は増えづらいことになりますので、**利益と配当のバランスを見ておくようにしましょう。**

　配当を拠出することは株主還元の一環ですが、それだけ成長のための投資原資が減ることにもなります。そのため、成長段階の企業の場合は利益が増えても配当をあまり増やさない傾向があります。

　このあたりは、企業の成長ステージによって異なってきますので、企業の配当に関する方針を必要に応じて確認しておきましょう。

❾ 業績推移ブロック

　業績推移ブロックは、「業績解読編」にて売上・利益でチェックするポイントを詳しく説明していますので、そちらをご覧ください。

❿ 業種・前号比・会社予想比

　業種はどのセクターの企業が注目されているか分類するのに役立つ情報です。第4章では、業種の分析が登場しますが、下記の通り全部で33業種あります。少しずつ覚えていきましょう。

●四季報の「業種」一覧

1	水産農林	2	鉱業	3	建設	4	食料品	5	繊維	6	紙パ
7	化学	8	医薬品	9	石油	10	ゴム	11	ガラス土石	12	鉄鋼
13	非鉄	14	金属	15	機械	16	電機	17	輸送機器	18	精密
19	他製	20	卸売	21	小売	22	銀行	23	他金	24	証券先物
25	保険	26	不動産	27	陸運	28	海運	29	空運	30	倉庫
31	情報通信	32	電力ガス	33	サービス						

　前号比は、前回の四季報からの変化を示し、下記のように表示されます。

⬆⬆大幅増額、⬆増額、➡前号並み、⬇減額、⬇⬇大幅減額

　会社予想比が記載されている場合は、会社予想と四季報の予想が異なることを示します。会社の決算発表後の最新情報から四季報編集部が予想したものになりますので、四季報の発売直後に株価が動く要因の1つであり、下記の中でどれになっているのか要チェックです。

😊😊大幅強気、😊会社比強気、😣会社比弱気、😣😣大幅弱気

四季報速読ここまでのまとめ

　いかがでしたか？　ここまで四季報への付箋の貼り付け、および付箋銘柄の業績推移、会社情報のチェックが終了しました。

　次の第4章では、少し趣向を変えて、はっしゃん自身が2019年から2022年にかけて四季報を速読した結果と、その時に付箋をした銘柄の状況、そして付箋データの変化や傾向を分析していきます。

「コロナショック」や「ロシア軍のウクライナ侵攻」を含むさまざまな
出来事があった3年半の四季報速読をはっしゃんの視点で追体験しなが
ら、各ステップの理解を深める事例学習をしていきましょう。

●はっしゃん式四季報速読まとめ図

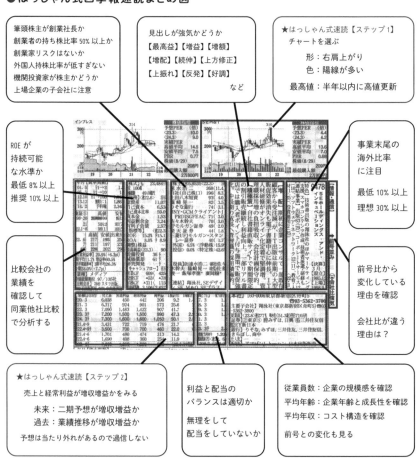

筆頭株主が創業社長か
創業者の持ち株比率 50% 以上か
創業家リスクはないか
外国人持株比率が低すぎない
機関投資家が株主かどうか
上場企業の子会社に注意

見出しが強気かどうか
【最高益】【増益】【増額】
【増配】【続伸】【上方修正】
【上振れ】【反発】【好調】
　　　　　　　　　など

★はっしゃん式速読【ステップ1】
チャートを選ぶ
　形：右肩上がり
　色：陽線が多い
最高値：半年以内に高値更新

ROE が
持続可能
な水準か
最低 8% 以上
推奨 10% 以上

事業末尾の
海外比率
に注目
最低 10% 以上
理想 30% 以上

比較会社の
業績を
確認して
同業他社比較
で分析する

前号比から
変化している
理由を確認
会社比が違う
理由は？

★はっしゃん式速読【ステップ2】
売上と経常利益が増収増益かをみる
未来：二期予想が増収増益か
過去：業績推移が増収増益か
予想は当たり外れがあるので過信しない

利益と配当の
バランスは適切か
無理をして
配当をしていないか

従業員数：企業の規模感を確認
平均年齢：企業年齢と成長性を確認
平均年収：コスト構造を確認
前号との変化も見る

108

第**4**章

四季報速読法

（体験学習編）

本章では、はっしゃん自身が2019年夏号〜2023年新春号まで15冊分の四季報を速読した結果をケーススタディとして取り上げます。

●本章で紹介する四季報

		2019年夏号	2019年秋号
2020年新春号	2020年春号	2020年夏号	2020年秋号
2021年新春号	2021年春号	2021年夏号	2021年秋号
2022年新春号	2022年春号	2022年夏号	2022年秋号
2023年新春号			

　第2章、第3章では四季報速読法の基本的なチェック方法を紹介しましたが、速読を2回、3回と続けて読んでいくことで、はじめて見えてくるものもあります。本書で紹介する3年半の人気株やトレンド、テーマの変遷やその背景の大きな流れをぜひ追体験してください。

　また、本章では外的要因として、

- 米国株の状況
- ドル円相場の状況
- 日米政策金利の状況
- 原油先物価格の状況
- 日本と米国の政治状況
- 新型コロナウイルスの流行状況
- 新型コロナワクチンの接種状況
- ロシアのウクライナ侵攻

などマクロ的な要素も含めて中長期視点で分析していきます。
　長く投資をしていると、類似した局面がやってくることもあります。

しかし、経験がないと「チャンスに遭遇していても気づかなかった」ということになりかねません。特に投資経験が少ない方、四季報を読んだ経験が少ない方には貴重な事例学習になると思います。

なお、本章は、はっしゃん監修の四季報速読の付箋検証サイト「四季報速読 Watch」と連携して付箋結果を検証していきます。

 四季報速読の付箋検証サイト「四季報速読Watch」

https://kabubiz.com/shikiho/

四季報速読 Watch の個別銘柄ページでは、個別銘柄の付箋履歴も公開しています。次の図は神戸物産〈3038〉の付箋の推移です。他にも気になる銘柄があった場合は付箋推移も参考にしてください。

		2019年夏号：評価○	2019年秋号：評価○
2020年新春号：評価○	2020年春号：評価○	2020年夏号：評価○	2020年秋号：評価○
2021年新春号：評価○	2021年春号：評価○	2021年夏号：評価○	2021年秋号：評価○
2022年新春号：評価○	2022年春号：評価○	2022年夏号：付箋なし	2022年秋号：付箋なし
2023年新春号：付箋なし			

3年半の期間内には、10倍株もあれば、倒産寸前まで追い込まれ、高値から10分の1以下になってしまったものもあります。
それでは、まずは2019年の夏へタイムスリップしましょう。

『2019年夏号』
～「速読法」の結果47銘柄を選定してみた～

● 業種別の分類

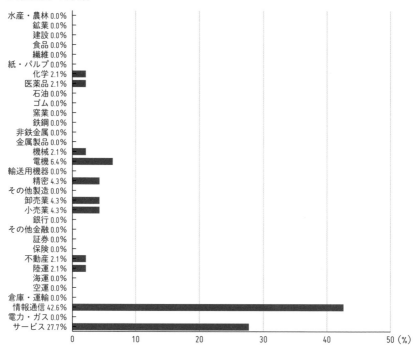

業種	%
水産・農林	0.0%
鉱業	0.0%
建設	0.0%
食品	0.0%
繊維	0.0%
紙・パルプ	0.0%
化学	2.1%
医薬品	2.1%
石油	0.0%
ゴム	0.0%
窯業	0.0%
鉄鋼	0.0%
非鉄金属	0.0%
金属製品	0.0%
機械	2.1%
電機	6.4%
輸送用機器	0.0%
精密	4.3%
その他製造	0.0%
卸売業	4.3%
小売業	4.3%
銀行	0.0%
その他金融	0.0%
証券	0.0%
保険	0.0%
不動産	2.1%
陸運	2.1%
海運	0.0%
空運	0.0%
倉庫・運輸	0.0%
情報通信	42.6%
電力・ガス	0.0%
サービス	27.7%

● 市場別の分類 　● 直近上場の分類

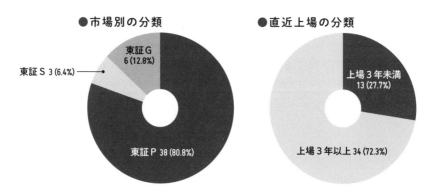

市場別の分類
- 東証G 6 (12.8%)
- 東証S 3 (6.4%)
- 東証P 38 (80.8%)

直近上場の分類
- 上場3年未満 13 (27.7%)
- 上場3年以上 34 (72.3%)

● 2019年夏号の付箋リスト47社

● 2019年夏号の付箋株のその後（2023年1月末時点）

最大時2倍株以上	19銘柄
最大時10倍株以上	1銘柄

● 付箋を貼った4社の株価チャート

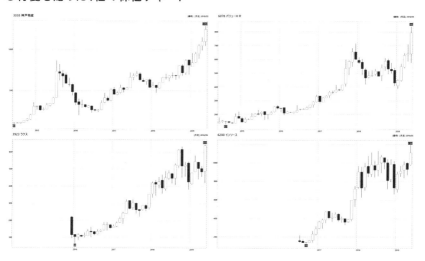

 四季報速読Watch2019年夏号ページ

https://kabubiz.com/shikiho/ranking.php?d=201906

●2019年夏号の付箋リスト47社

○ 2130 メンバーズ	○ 4348 インフォコム	○ 6572 RPA
○ 2180 サニーサイド	○ 4384 ラクスル	○ 6750 エレコム
○ 2317 システナ	○ 4397 チムスピ	○ 6861 キーエンス
○ 2326 デジアーツ	○ 4587 ペプドリ	○ 6920 レーザーテク
○ 2384 SBSHD	○ 4686 ジャスト	○ 7049 識学
○ 2412 ベネ・ワン	○ 4722 フューチャー	○ 7476 アズワン
○ 2471 エスプール	○ 4800 オリコン	○ 7518 ネットワン
○ 3038 神戸物産	○ 4921 ファンケル	○ 7564 ワークマン
○ 3479 TKP	○ 6035 IRジャパン	○ 7741 HOYA
○ 3665 エニグモ	○ 6067 インパクト	○ 7780 メニコン
○ 3830 ギガプライズ	○ 6078 バリューHR	○ 8056 ビプロジー
○ 3836 アバント	○ 6099 エラン	○ 9279 ギフトHD
○ 3923 ラクス	○ 6200 インソース	○ 9416 ビジョン
○ 3930 はてな	○ 6232 ACSL	○ 9450 ファイバーG
○ 3969 エイトレッド	○ 6533 オーケストラ	○ 9984 SBG
○ 3983 オロ	○ 6544 Jエレベータ	

　この年、2019年の夏は元号が平成から令和に変わってまだ2ヶ月目。当時の総理大臣は安倍晋三首相で、後に首相となる当時の菅義偉官房長官が新元号を発表して「令和おじさん」と呼ばれました。

　米国ではトランプ大統領が中国と貿易摩擦を繰り広げ、米中対立が深刻化し始めていました。

　この号では、「はっしゃん式 四季報速読法」を駆使してステップ1では74社に付箋を貼り、ステップ2の結果、最終的に47社をピックアップしたことが手元の記録に残っているのですが、残念ながら付箋を剥がした銘柄を記録していませんので、最終的にセレクトした47社のみを紹介します。付箋の結果は、Twitterに投稿して、「いいね」をたくさんいただきました。

◆前号の付箋との比較

　市場別では、東証プライム（当時の名称は東証1部）が80.8％と大部分を占めました。業種別では、情報通信とサービスの2業種で約70％と突出していることが分かります。

また、直近上場の分類では、直近上場は27.7％になりました。これは、かなり高めの数字でIPO銘柄が人気になっていることを示します。

◆付箋株その後の状況

　また、この号で付箋をした銘柄の中では、後にレーザーテック〈6920〉が大躍進し、株価10倍を達成する出世株となっています。レーザーテックは、半導体のマスク検査装置で高い世界シェアを誇る有力企業です。

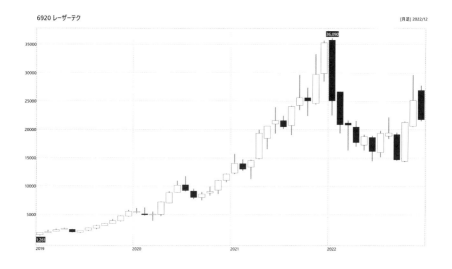

6920 レーザーテク　　　　　　　　　　　　　　　　　　　　　　　　　　　［月足］2022/12

　一方で、前述の「四季報速読Watch」を参照すると、付箋当時から半値以下（-50％）になっている銘柄が8つあり、高値から見ると-80％を超える銘柄も2つあります。

　右肩上がりの銘柄に付箋を貼っていくということは、期待外れになった場合のリスクと背中合わせであるということが分かります。

『2019年秋号』～中小型株が躍進し「未来の10倍株候補」が99銘柄まで増えた～

●業種別の分類

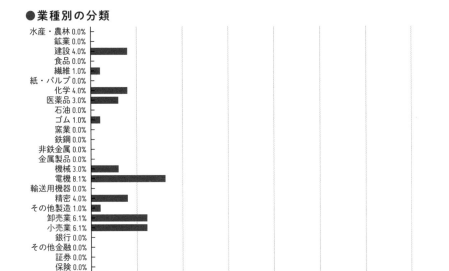

業種	%
水産・農林	0.0%
鉱業	0.0%
建設	4.0%
食品	0.0%
繊維	1.0%
紙・パルプ	0.0%
化学	4.0%
医薬品	3.0%
石油	0.0%
ゴム	1.0%
窯業	0.0%
鉄鋼	0.0%
非鉄金属	0.0%
金属製品	0.0%
機械	3.0%
電機	8.1%
輸送用機器	0.0%
精密	4.0%
その他製造	1.0%
卸売業	6.1%
小売業	6.1%
銀行	0.0%
その他金融	0.0%
証券	0.0%
保険	0.0%
不動産	2.0%
陸運	0.0%
海運	1.0%
空運	0.0%
倉庫・運輸	0.0%
情報通信	31.3%
電力・ガス	0.0%
サービス	24.2%

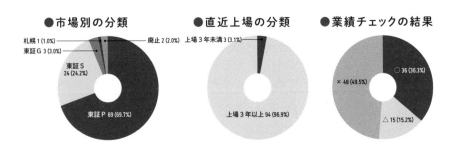

●市場別の分類

札幌 1 (1.0%)
東証 G 3 (3.0%)
東証 S 24 (24.2%)
廃止 2 (2.0%)
東証 P 69 (69.7%)

●直近上場の分類

上場 3 年未満 3 (3.1%)
上場 3 年以上 94 (96.9%)

●業績チェックの結果

○ 36 (36.3%)
△ 15 (15.2%)
× 48 (49.5%)

● **2019年秋号の付箋リスト99社**

　前号からの連続付箋銘柄（24銘柄）の連続付箋率 24.7%

　今号での新規付箋銘柄（75銘柄）の新規付箋率 75.3%

● **2019年秋号の付箋株のその後**（2023年1月末時点）

最大時 2 倍株以上	3 7 銘柄
最大時 10 倍株以上	2 銘柄

● **付箋を貼った4社の株価チャート**

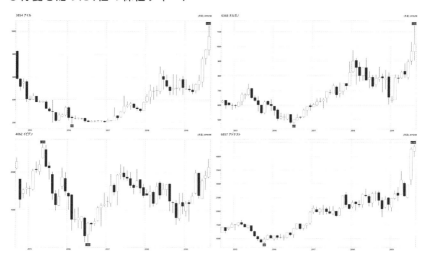

 四季報速読Watch2019年秋号ページ

https://kabubiz.com/shikiho/ranking.php?d=201909

●2019年秋号の付箋リスト99社（うち2社は後に上場廃止、太字は新規付箋銘柄）

×	1419	タマホーム New	△	4519	中外薬 New	×	6857	アドテスト New
○	1431	リブワーク New	△	4568	第一三共 New	○	6920	レーザーテク （連続）
○	1717	明豊ファシリ New	○	4587	ペプドリ （連続）	○	7476	アズワン （連続）
×	1736	オーテック New	×	4661	OLC New	×	7486	サンリン New
×	1897	金下建 New	×	4684	オービック New	○	7518	ネットワン （連続）
○	2130	メンバーズ （連続）	×	4685	菱友システム New	×	7532	パンパシHD New
×	2152	幼児活動研 New	○	4686	ジャスト （連続）	○	7564	ワークマン （連続）
△	2175	エスエムエス New	×	4719	アルファ New	×	7595	アルゴグラフ New
×	2180	サニーサイド （連続）	○	4722	フューチャー （連続）	△	7600	日本MDM New
×	2371	カカクコム New	×	4734	ビーイング New	×	7630	壱番屋 New
×	2445	タカミヤ New	×	4739	CTC New	△	7730	マニー New
○	2471	エスプール （連続）	△	4776	サイボウズ New	×	7741	HOYA （連続）
○	3038	神戸物産	△	4828	ビーエンジ New	×	7780	メニコン New
△	3135	マーケットE New	×	4832	JFEシステ New	×	7832	バンナムHD New
○	3360	シップHD New	×	5189	桜ゴム New	×	8038	東都水 New
○	3671	ソフトMAX New	○	6035	IRジャパン （連続）	○	8056	ビプロジー （連続）
○	3772	ウェルス New	△	6062	チャームケア New	×	8111	ゴルドウイン New
×	3849	NTL New	○	6078	バリューHR （連続）	×	8818	京阪神ビル New
△	3854	アイル New	△	6095	メドピア New	×	9173	東海汽 New
○	3923	ラクス （連続）	△	6096	レアジョブ New	×	9408	新潟放 New
○	3969	エイトレッド （連続）	○	6099	エラン （連続）	○	9416	ビジョン （連続）
×	4062	イビデン New	×	6156	エーワン精密 New	×	9435	光通信 New
×	4091	日本酸素HD New	△	6195	ホープ New	×	9605	東映 New
×	4113	田岡化 New	○	6200	インソース （連続）	△	9629	PCA New
×	4247	ポバール興業 New	○	6306	日工 New	×	9679	ホウライ New
○	4286	CLHD New	×	6368	オルガノ New	○	9698	クレオ New
△	4290	PI New	○	6544	Jエレベータ （連続）	×	9746	TKC New
×	4298	プロト New	×	6564	ミダックHD New	×	9759	NSD New
×	4307	野村総研 New	×	6736	サン電子 New	○	9782	DMS New
○	4320	CEHD New	×	6750	エレコム （連続）	△	9792	ニチイ学館 New
○	4333	東邦システム New	×	6754	アンリツ New	×	9818	大丸エナ New
○	4348	インフォコム （連続）	○	6800	ヨコオ New	×	9903	カンセキ New
○	4369	トリケカル New	○	6834	精工技研 New	○	9983	ファストリ New

■前号からの連続付箋銘柄：24銘柄（連続付箋率24.7%）

　今号での新規付箋銘柄：75銘柄（新規付箋率75.3%）

　2019年の秋号では、10月から予定されている消費税8%から10%への増税が話題となっていた頃です。9月には、千葉県の房総半島に台風15号が上陸し、関東に上陸した台風としては過去最大の台風となりました。ゴルフ場が強風で倒壊した映像が記憶に残っている方も多いかもしれません。

はっしゃんは、この号からYouTubeで四季報速読の動画配信を開始
しました。夏号では速読のやり方や付箋の結果をTwitterに投稿してい
ました。その反響がとても大きかったため、四季報を速読する様子を撮
影して見ていただくことにしたのです。

　速読の様子を紹介した動画は大変好評で、これ以降、四季報が発売さ
れるごとに動画を作成していくことになりました。

　また、この2019年秋号以降、はっしゃん自身の業績チェック結果を
残してあるので、付箋銘柄を下記の評価付きで紹介していきます。

●付箋銘柄の業績チェック評価

○	問題なし（10%以上の増収増益）
△	イマイチ（10%未満の増収増益、赤字減少）
×	NG（減収または減益）

◆前号の付箋との比較

　2019年秋号では、付箋数が2019年夏号の74枚から99枚に増えまし
た。市場別でも、東証プライムが80.8%から69.7%に減少して、東証ス
タンダードなどの中小型株が増えています。

　業種別では、情報通信・サービス業界の2業種で55%と前号の70%
から減少したものの、依然として多い傾向が続いています。また、上場
3年未満のIPO銘柄の比率は27.7%から3.1%へと大幅に減少しました。

　評価は○が36.3%になっていますので、前号と比べて株価は上昇した
ものの、あまり業績を伴っていない結果になっています。

　今号では前号に続いて連続付箋をした銘柄は24.7%と4分の1ほどで
す。**連続で付箋をするということは、それだけ右肩上がりの上昇が続い
ていることを意味しますので、このまま上がり続けると期待できる反
面、株価の方は割高になっているかもしれません。**

◆付箋株その後の状況（2022年11月時点）

　今号では、ミダックHD〈6564〉に初めて付箋をしました。産廃処理や環境関連の会社ですが、こちらもレーザーテックとともに後に株価10倍を達成することになる銘柄です。

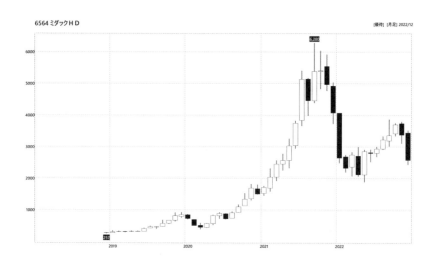

6564 ミダックHD　　　　　　　　　　　　　　　　　　　　　　　[優待] [月足] 2022/12

　また、今号で初登場するホープ〈6195〉は、新電力関連と呼ばれ、電力小売で躍進しますが、その後の電力価格の急騰から、株価7倍まで上昇した後に成長倒れとなって暴落。チャートは次のページの通りで高値から-97％もの大暴落を記録する残念な銘柄となります。

　では、ミダックHDとホープの違いはなんでしょうか？

　次のページの下のチャートが第5章で詳しく解説する2社の理論株価の比較チャートです。株価と理論株価が連動して急上昇のち急降下となったホープと、株価が期待上げから急落したものの、上昇してきた理論株価が下値を支持したミダックとの違いが分かります。

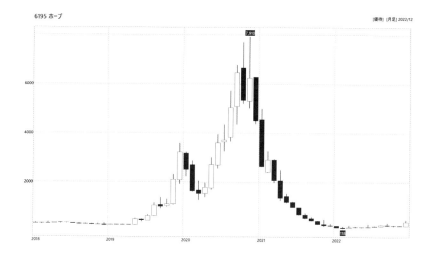

6195 ホープ [優待] [月足] 2022/12

6195 ホープ [優待] [月足] 2022/12

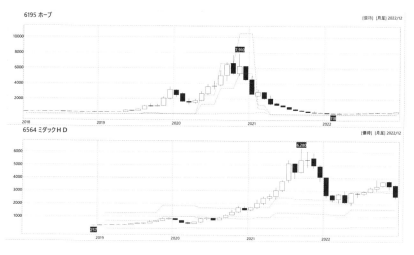

6564 ミダックＨＤ [優待] [月足] 2022/12

四季報速読法（体験学習編）

『2020年新春号』～消費税増税の影響も関係なし、134銘柄を選ぶ～

●業種別の分類

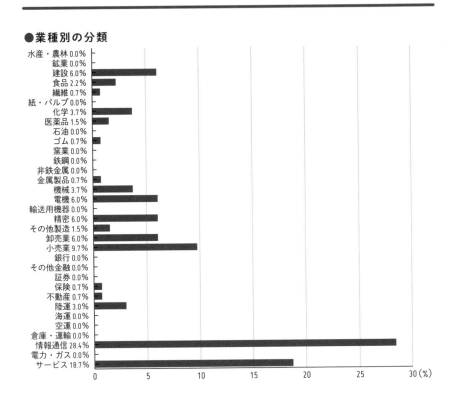

業種	%
水産・農林	0.0%
鉱業	0.0%
建設	6.0%
食品	2.2%
繊維	0.7%
紙・パルプ	0.0%
化学	3.7%
医薬品	1.5%
石油	0.0%
ゴム	0.7%
窯業	0.0%
鉄鋼	0.0%
非鉄金属	0.0%
金属製品	0.7%
機械	3.7%
電機	6.0%
輸送用機器	0.0%
精密	6.0%
その他製造	1.5%
卸売業	6.0%
小売業	9.7%
銀行	0.0%
その他金融	0.0%
証券	0.0%
保険	0.7%
不動産	0.7%
陸運	3.0%
海運	0.0%
空運	0.0%
倉庫・運輸	0.0%
情報通信	28.4%
電力・ガス	0.0%
サービス	18.7%

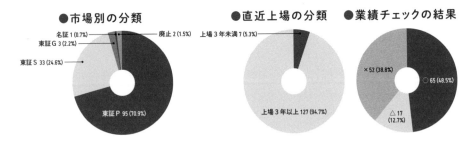

●市場別の分類

名証 1 (0.7%)
廃止 2 (1.5%)
東証 G 3 (2.2%)
東証 S 33 (24.6%)
東証 P 95 (70.9%)

●直近上場の分類

上場 3 年未満 7 (5.3%)
上場 3 年以上 127 (94.7%)

●業績チェックの結果

× 52 (38.8%)
○ 65 (48.5%)
△ 17 (12.7%)

●2020年新春号の付箋リスト134社

前号からの連続付箋銘柄（67銘柄）の連続付箋率 50.0%

今号での新規付箋銘柄（59銘柄）の新規付箋率 44.0%

●2020年新春号の付箋株のその後（2023年1月末時点）

最大時2倍株以上	35銘柄
最大時10倍株以上	0銘柄

●付箋を貼った4社の株価チャート

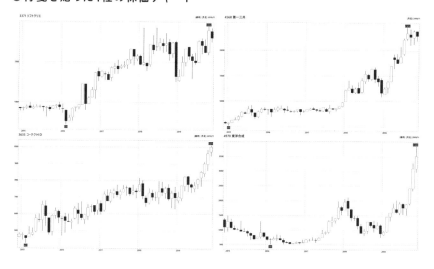

 四季報速読Watch2020年新春号ページ

https://kabubiz.com/shikiho/ranking.php?d=201912

●2020年新春号の付箋リスト134社（太字は新規付箋銘柄）

×	1419	タマホーム（連続）	×	4247	ポバール興業（連続）	○	7034	プロレド(New)
○	1431	リブワーク（連続）	○	4307	野村総研（連続）	○	7065	upr(New)
○	1717	明豊ファシリ（連続）	○	4348	インフォコム（連続）	○	7476	アズワン（連続）
×	1736	オーテック（連続）	○	**4356 応用技術(New)**		○	7518	ネットワン（連続）
×	**1743 コーアツ工業(New)**		○	4369	トリケミカル（連続）	○	7564	ワークマン（連続）
×	**1787 ナカボテック(New)**		○	4519	中外薬（連続）	×	7595	アルゴグラフ（連続）
×	1897	金下建（連続）	×	**4543 テルモ(New)**		○	7600	日本MDM（連続）
×	**1948 弘電社(New)**		○	4568	第一三共（連続）	○	7630	壱番屋（連続）
○	**1952 新日空調(New)**		×	4661	OLC（連続）	×	7730	マニー（連続）
×	**2003 日東富士(New)**		○	4684	オービック（連続）	○	7741	HOYA（連続）
○	2130	メンバーズ（連続）	×	4685	菱友システム（連続）	×	**7747 朝日インテク(New)**	
○	2175	エスエムエス（連続）	○	4686	ジャスト（連続）	×	7748	ホロン
○	**2222 寿スピリッツ(New)**		△	4739	CTC（連続）	△	**7749 メディキット(New)**	
○	2317	システナ	○	4800	オリコン	○	7780	メニコン（連続）
○	2384	SBSHD	○	**4820 EMシステム(New)**		○	**7803 ブシロード(New)**	
○	2412	ベネ・ワン	×	**4826 CIJ(New)**		×	7832	バンナムHD（連続）
○	2471	エスプール（連続）	△	4828	ビーエンジ（連続）	×	**8001 伊藤忠(New)**	
△	**2480 シスロケ(New)**		×	**4919 ミルボン(New)**		×	**8052 椿本興(New)**	
△	**2492 インフォMT(New)**		○	**4970 東洋合成(New)**		○	8056	ビプロジー（連続）
×	**2752 フジオフード(New)**		×	5189	桜ゴム（連続）	○	8111	ゴルドウイン（連続）
△	**2925 ピックルス(New)**		○	6035	IRジャパン（連続）	○	**8117 中央自(New)**	
○	3038	神戸物産（連続）	○	6062	チャームケア（連続）	×	**8131 ミツウロコG(New)**	
×	**3068 WDI(New)**		○	6078	バリューHR（連続）	○	**8157 都築電(New)**	
×	**3075 銚子丸(New)**		○	6095	メドピア（連続）	×	**8163 SRSHD(New)**	
○	3135	マーケットE（連続）	○	6096	レアジョブ（連続）	×	**8766 東京海上(New)**	
×	3360	シップHD（連続）	○	**6098 リクルート(New)**		×	8818	京阪神ビル（連続）
×	**3371 ソフトクリエ(New)**		○	6099	エラン（連続）	×	**9009 京成(New)**	
△	**3399 山岡家(New)**		×	6156	エーワン精密（連続）	×	**9010 富士急(New)**	
×	**3426 アトムリビン(New)**		×	**6184 鎌倉新書(New)**		×	**9068 丸全運(New)**	
×	**3563 F&LC(New)**		○	6195	ホープ（連続）	×	**9409 テレ朝HD(New)**	
△	**3626 TIS(New)**		○	6200	インソース（連続）	△	9435	光通信（連続）
×	**3635 コーテクHD(New)**		△	**6289 技研製(New)**		×	9605	東映（連続）
○	**3678 メディアドゥ(New)**		○	6306	日工（連続）	○	**9621 建設技研(New)**	
○	**3697 SHIFT(New)**		△	6368	オルガノ（連続）	△	9629	PCA（連続）
○	**3733 ソフトウェア(New)**		×	**6411 中野冷(New)**		×	9679	ホウライ（連続）
×	**3798 ULSグルプ(New)**		○	6544	Jエレベータ（連続）	△	**9682 DTS(New)**	
○	3830	ギガプライズ	○	6564	ミダックHD（連続）	△	9759	NSD（連続）
○	**3835 eBASE(New)**		○	6750	エレコム（連続）	○	9782	DMS（連続）
○	3836	アバント	×	6754	アンリツ（連続）	○	9792	ニチイ学館（連続）
×	**3837 アドソル日進(New)**		○	6834	精工技研（連続）	×	**9861 吉野家HD(New)**	
○	**3850 イントラマト(New)**		×	**6845 アズビル(New)**		○	**9873 日本KFC(New)**	
○	3854	アイル（連続）	×	6857	アドテスト（連続）	○	**9889 JBCCHD(New)**	
○	3923	ラクス（連続）	○	6920	レーザーテク（連続）	×	9903	カンセキ（連続）
○	3983	オロ	×	**6947 図研(New)**		○	9983	ファストリ（連続）
△	4091	日本酸素HD（連続）	×	**6951 日電子(New)**				

■前号からの連続付箋銘柄：67銘柄（連続付箋率50.0%）

今号での新規付箋銘柄：59銘柄（新規付箋率44.0%）

2019年の年末は、世界がコロナウイルスの影響を受けない最後の年末だったかもしれません。日本で開催されたラグビーワールドカップで日本チームが善戦し、「ONE TEAM（ワンチーム）」が流行語になりました。

　年末には逮捕後、保釈されていた日産自動車のカルロス・ゴーン氏がレバノンへ無断出国したことが話題になりました。

　次のチャートは2015年から2019年にかけての日経平均株価チャート（月足）です。チャートからは、2015年のチャイナショックをきっかけに株価が1年間下落し、2016年の英国のEU離脱ショックで底入れ。その後、米国にトランプ政権が発足してから上昇していった経緯が分かると思います。

●日経平均株価（2015〜2019年）

2018年末にはクリスマスショック（ＶＩＸショックやアップルショックとも呼ばれましたが）と呼ばれた急落があり、2019年はそこから反発してきた1年になりました。

株式市場では、個別企業の業績が最も重要な要素になりますが、個別企業の業績自体が外部環境に左右されることから、海外市場や社会情勢といった外的要因から大きな影響を受けます。これらも合わせて見ていきましょう。

◆前号の付箋との比較
2020年新春号では、付箋数が99枚→134枚へと大幅に増えました。市場別でも、前号に続いて東証プライムが70.9％と低めで推移。中小型株が多めです。

業種別では、引き続き情報通信・サービス業界が多い傾向にはありますが、割合は47％となり、夏号・秋号と比べると、かなり減少したことが分かります。そして、消費税10％増税後となって、小売業が9.7％まで増加しました。電機、精密、卸売業なども増加傾向です。

一方で、上場3年未満のIPO（Initial Public Offering：新規公開株）の比率は5％台で低迷が続きます。

業績チェック評価では、○が48.5％で、前号の36.3％からは大幅な改善。今号で前号に続いて連続付箋をした銘柄は50％で、25％ほどだった前号からこちらも増加しました。

また、今号で初めて付箋をした新規付箋銘柄が59社と全体の44％になりました。新規の付箋銘柄は、速読を続けていくと少なくなる傾向がありますが、**好調なIPO銘柄であったり、新たに上昇相場の初動に入った可能性を秘めた銘柄が見られるなど注目といえます。**
この時期は、株価が右肩上がりで業績的にも好調だった時期といえますが、後にコロナショックの災禍に見舞われることになります。

世界経済はここから先に後退期に突入することになり、結果的に今号はその直前の株価も割高だった時期となってしまいました。そして、これ以降は10倍株もしばらく出現しなくなりました。

◆付箋株その後の状況

今号では、SHIFT〈3697〉に初めて付箋を貼っています。ソフトウェアテストの会社ですが、積極的なM&Aで業績・株価ともに急成長していきます。

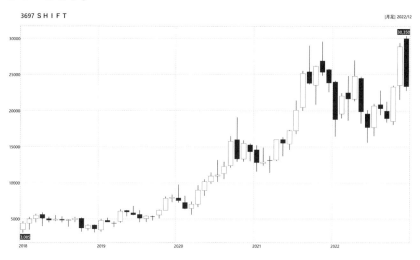

『2020年春号』
～日経平均株価が16,000円台まで急落～

●業種別の分類

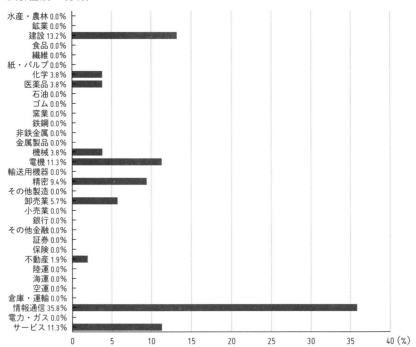

水産・農林 0.0%
鉱業 0.0%
建設 13.2%
食品 0.0%
繊維 0.0%
紙・パルプ 0.0%
化学 3.8%
医薬品 3.8%
石油 0.0%
ゴム 0.0%
窯業 0.0%
鉄鋼 0.0%
非鉄金属 0.0%
金属製品 0.0%
機械 3.8%
電機 11.3%
輸送用機器 0.0%
精密 9.4%
その他製造 0.0%
卸売業 5.7%
小売業 0.0%
銀行 0.0%
その他金融 0.0%
証券 0.0%
保険 0.0%
不動産 1.9%
陸運 0.0%
海運 0.0%
空運 0.0%
倉庫・運輸 0.0%
情報通信 35.8%
電力・ガス 0.0%
サービス 11.3%

0　　5　　10　　15　　20　　25　　30　　35　　40（%）

●市場別の分類

廃止 2 (3.8%)
東証S 16 (30.2%)
東証P 35 (66.0%)

●直近上場の分類

上場 3 年未満 2 (3.8%)
上場 3 年以上 51 (96.2%)

●業績チェックの結果

×8 (16.0%)
△8 (16.0%)
○ 37 (74.0%)

●2020年春号の付箋リスト53社

前号からの連続付箋銘柄（32銘柄）の連続付箋率 60.3%

今号での新規付箋銘柄（17銘柄）の新規付箋率 33.0%

●2020年春号の付箋株のその後（2023年1月末時点）

最大時2倍株以上	26銘柄
最大時10倍株以上	0銘柄

●付箋を貼った4社の株価チャート

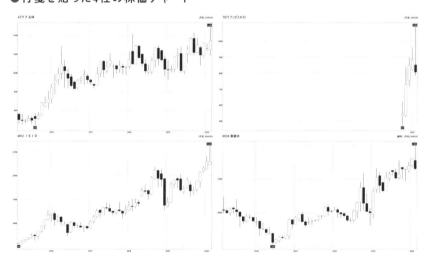

 四季報速読Watch2020年春号ページ

https://kabubiz.com/shikiho/ranking.php?d=202003

●2020年春号の付箋リスト53社（太字は新規付箋銘柄）

△ 1414 ショーボンド (New)	○ 4369 トリケミカル（連続）	○ 6702 富士通 (New)
△ 1723 日本電技 (New)	○ 4519 中外薬（連続）	△ 6736 サン電子
△ 1736 オーテック（連続）	△ 4543 テルモ（連続）	△ 6750 エレコム（連続）
× 1743 コーアツ工業（連続）	○ 4568 第一三共（連続）	○ 6920 レーザーテク（連続）
△ 1776 三井住建道 (New)	○ 4684 オービック（連続）	○ 6951 日電子（連続）
△ 1884 日道路 (New)	× 4685 菱友システム（連続）	○ 7071 アンビスHD (New)
○ 1973 NESIC (New)	○ 4686 ジャスト（連続）	× 7595 アルゴグラフ（連続）
○ 2471 エスプール（連続）	○ 4739 CTC（連続）	○ 7733 オリンパス (New)
○ 2970 グッドライフ (New)	× 4771 F＆M (New)	○ 7741 HOYA（連続）
○ 3038 神戸物産（連続）	○ 4776 サイボウズ	○ 7748 ホロン（連続）
○ 3626 TIS（連続）	○ 4812 ISID (New)	○ 7780 メニコン（連続）
× 3635 コーテクHD（連続）	○ 4970 東洋合成（連続）	× 8036 日立ハイテク
○ 3697 SHIFT（連続）	○ 6035 IRジャパン（連続）	× 8038 東都水
○ 3762 テクマト (New)	○ 6368 オルガノ（連続）	○ 9709 NCS＆A (New)
△ 3798 ULSグループ（連続）	○ 6379 レイズネク (New)	○ 9759 NSD（連続）
○ 3835 eBASE（連続）	× 6411 中野冷（連続）	○ 9782 DMS（連続）
○ 3844 コムチュア (New)	○ 6532 ベイカレント (New)	○ 9889 JBCCHD（連続）
○ 4307 野村総研（連続）	○ 6656 インスペック (New)	

■前号からの連続付箋銘柄：32銘柄（連続付箋率60.3％）

　今号での新規付箋銘柄：17銘柄（新規付箋率33.0％）

　2020年3月は、WHOが新型コロナウイルスのパンデミックを宣言し、コメディアンの志村けんさんが亡くなるなど、コロナショックが始まった頃です。東京オリンピックの1年延期も決まりました。

　株式市場は暴落し、前年末には23,000円台だった日経平均株価が、16,000円台まで急落しました。

　新型コロナウイルスは、スペイン風邪ウイルス以来100年ぶり。現代社会が初めて遭遇するパンデミックでした。世界各地でロックダウンが実施され、経済は事実上のストップ。株価は最悪の事態を想定して大きく下落しました。

● コロナショック当時の日経平均株価（週足）

1001 日経平均   [週足] 2020/03/30

新型コロナウイルスの影響が見通せない中で、上場企業の多くは業績予想を非開示とするような特殊な状況下で四季報2020年春号が発売されました。

　ここで注意点を1つあげておくと、3月発売の四季報には2月末までの株価チャートが掲載されていることです。新型コロナショックのような急落が発生し、3月に株価が大幅に下落した場合では、掲載されている株価が実態とかけ離れている場合があるので、付箋を貼った後からでもよいので、最新株価もチェックするようにしましょう。

第4章

四季報速読法（体験学習編）

◆前号の付箋との比較

　2020年春号では、コロナ禍の株価下落傾向もあって、付箋数が134枚→53枚に急減しました。市場別では、東証プライムが70.9％から66％に減少して、東証スタンダードが増えました。東証グロースは0でした。

　業種別では、トップの情報通信が35.8％と増加し、その次に建設13.2％、電機とサービス業が11.3％と続き、上位の顔ぶれが変わってきました。上場3年未満のIPO銘柄の比率は3.8％と大幅に減少したままになっています。

本号で付箋をした情報通信銘柄

〈1973〉NESIC（システム構築）

〈3626〉TIS（システムインテグレーション）

〈3635〉コーテクHD（ゲーム）

〈3697〉SHIFT（ソフトウェアテスト）

〈3762〉テクマト（システム構築）

〈3798〉ULSグループ（ITコンサル）

〈3835〉eBASE（データベース）

〈3844〉コムチュア（システムインテグレーション）

〈4307〉野村総研（システムインテグレーション）

〈4684〉オービック（システムインテグレーション）

〈4685〉菱友システム（IT開発）

〈4686〉ジャスト（ソフト開発）

〈4739〉CTC（システムインテグレーション）

〈4776〉サイボウズ（グループウェア）

〈4812〉ISID（システムインテグレーション）

〈7595〉アルゴグラフ（CAD）

〈9709〉NCS&A（システムインテグレーション）

〈9759〉NSD（システムインテグレーション）

〈9889〉 JBCCHD（IT開発）

　本号で付箋をした情報通信銘柄を見ると「システムインテグレーション（SI）」という業態が目に付きます。SIは、企業向けソフト開発を代行する業種で企業向けビジネス（消費者向けビジネスのBtoCに対してBtoBと呼ばれます）であるため、知名度が低い傾向にありますが、デジタルトランスフォーメーション（DX）の役割を担い、コロナ禍が追い風になった業種の1つです。

　業績チェックの評価は○が74％と前号の48.5％から大幅に改善しましたが、この号の段階では、コロナが与える影響が十分に分かっていなかったため、投資家は難しい判断を迫られることになりました。

　今号で前号に続いて連続付箋をした銘柄は60.3％で、50％だった前号から増加しました。

　また、今号で初めて付箋をした新規付箋銘柄が17社で33％と低い数字になりました。付箋数が減少した影響といえそうです。

◆付箋株その後の状況

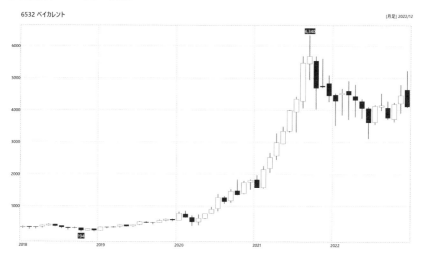

2020年春号で初めて付箋を貼った銘柄に総合コンサルのベイカレント〈6532〉があります。新型コロナショックでは、初期にはマスクや医療関連を除く全ての銘柄が下落する暴落相場となりましたが、その後はDXやテレワークといった社会の変化からハイテク株やコンサル株が買われることになりました。

　ベイカレントは、最大上昇時には9.8倍まで上昇しました。

　ところで、はっしゃんは、コロナショック初期の2月に持株の90％を売却しました。この中には10年以上もの間、保有を続けて株価10倍以上になった銘柄2つを含む大きな決断でした。

　売却後から3月にかけて、株価は大きく下落しましたが、その後は急反発となったため、この判断が正しかったかどうか分かりません。その後、狙い通り大きく下落した局面では、もっと安くなるだろうと考えたため、買い戻すことができませんでした。

　そして、この2020年春号の付近がコロナショック最安値になりました。仮にこの頃の安値で購入できていたとすると大きく値上がりした銘柄が少なくありません。

　はっしゃん監修サイト「【株Biz】10倍株CLUB」では、コロナショック基準の10倍株を継続して検証していますが、それによるとコロナショックを底に、2023年2月時点で50銘柄以上が株価10倍を達成しています。

　チャンスは確実にあったわけですが、それを掴むことは簡単ではありません。

 【10倍株CLUB】コロナショック基準の10倍到達株

https://kabubiz.com/10bagger/maximum.php?d=2020

●コロナショック基準の10倍到達株リスト（55銘柄）

1	〈3936〉 GW	95.3倍	29	〈5212〉 不二硝	12.4倍
2	〈2158〉 フロンテオ	34.0倍	30	〈6619〉 WSCOPE	12.1倍
3	〈6338〉 タカトリ	31.0倍	31	〈7901〉 マツモト	12.1倍
4	〈3856〉 Aバランス	23.5倍	32	〈3683〉 サイバーリン	11.8倍
5	〈7078〉 INC	23.2倍	33	〈6070〉 キャリアL	11.6倍
6	〈6335〉 東京機	22.6倍	34	〈9101〉 郵船	11.5倍
7	〈4477〉 BASE	22.4倍	35	〈2767〉 円谷フィHD	11.2倍
8	〈2150〉 ケアネット	18.8倍	36	〈5698〉 エンビプロ	11.2倍
9	〈5337〉 ダントーHD	18.4倍	37	〈6400〉 不二精機	11.1倍
10	〈7816〉 スノーピーク	17.5倍	38	〈2195〉 アミタHD	11.0倍
11	〈6532〉 ベイカレント	16.8倍	39	〈4880〉 セルソース	11.0倍
12	〈3377〉 バイク王	16.5倍	40	〈3825〉 リミックス	10.9倍
13	〈6564〉 ミダックHD	16.3倍	41	〈3962〉 チェンジ	10.9倍
14	〈7187〉 ジェイリース	16.3倍	42	〈3031〉 ラクーンHD	10.7倍
15	〈3083〉 シーズメン	15.7倍	43	〈3542〉 ベガコーポ	10.7倍
16	〈5820〉 三ツ星	15.6倍	44	〈4308〉 Jストリーム	10.7倍
17	〈8256〉 プロルート	15.5倍	45	〈7809〉 寿屋	10.7倍
18	〈9107〉 川崎汽	15.5倍	46	〈4582〉 シンバイオ	10.6倍
19	〈3496〉 アズーム	14.9倍	47	〈1757〉 中小企業HD	10.5倍
20	〈4393〉 バンクオブイ	14.9倍	48	〈6081〉 アライドアキ	10.4倍
21	〈6898〉 トミタ電機	14.5倍	49	〈6890〉 フェローテク	10.4倍
22	〈6580〉 ライトアップ	14.1倍	50	〈7685〉 バイセル	10.4倍
23	〈6966〉 三井ハイテク	13.8倍	51	〈9272〉 ブティックス	10.4倍
24	〈3998〉 すららネット	13.7倍	52	〈3788〉 GMO－GS	10.3倍
25	〈8139〉 ナガホリ	13.5倍	53	〈7036〉 EMネットJ	10.3倍
26	〈9878〉 セキド	13.4倍	54	〈7317〉 松屋R&D	10.3倍
27	〈3663〉 セルシス	13.2倍	55	〈7094〉 ネクストーン	10.1倍
28	〈6699〉 ダイヤHD	12.5倍			

※2023年1月時点

第4章 四季報速読法（体験学習編）

135

『2020年夏号』〜コロナウイルスの拡大と 企業の業績不振への懸念も拡大〜

●業種別の分類

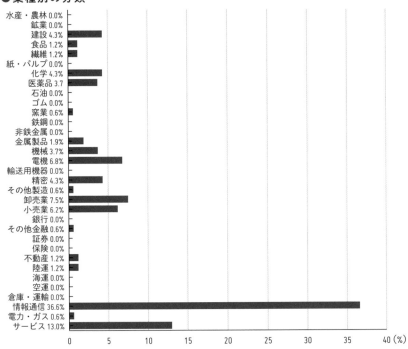

業種	%
水産・農林	0.0%
鉱業	0.0%
建設	4.3%
食品	1.2%
繊維	1.2%
紙・パルプ	0.0%
化学	4.3%
医薬品	3.7
石油	0.0%
ゴム	0.0%
窯業	0.6%
鉄鋼	0.0%
非鉄金属	0.0%
金属製品	1.9%
機械	3.7%
電機	6.8%
輸送用機器	0.0%
精密	4.3%
その他製造	0.6%
卸売業	7.5%
小売業	6.2%
銀行	0.0%
その他金融	0.6%
証券	0.0%
保険	0.0%
不動産	1.2%
陸運	1.2%
海運	0.0%
空運	0.0%
倉庫・運輸	0.0%
情報通信	36.6%
電力・ガス	0.6%
サービス	13.0%

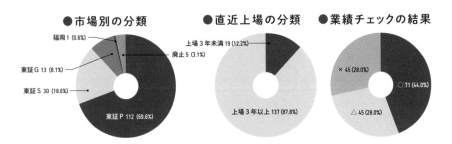

●市場別の分類	●直近上場の分類	●業績チェックの結果
福岡 1 (0.6%) 廃止 5 (3.1%) 東証 G 13 (8.1%) 東証 S 30 (18.6%) 東証 P 112 (69.6%)	上場 3 年未満 19 (12.2%) 上場 3 年以上 137 (87.8%)	× 45 (28.0%) ○ 71 (44.0%) △ 45 (28.0%)

● 2020年夏号の付箋リスト161社

前号からの連続付箋銘柄（39銘柄）の連続付箋率24.2%

今号での新規付箋銘柄（77銘柄）の新規付箋率47.8%

● 2020年夏号の付箋株のその後（2023年1月末時点）

最大時2倍株以上	44銘柄
最大時10倍株以上	0銘柄

● 付箋を貼った4社の株価チャート

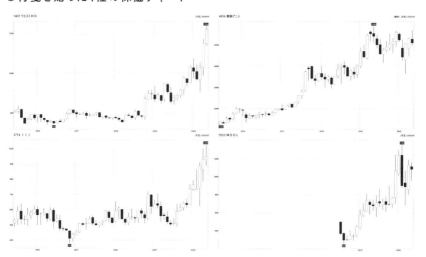

 四季報速読Watch2020年夏号ページ

https://kabubiz.com/shikiho/ranking.php?d=202006

●2020年夏号の付箋リスト161社（現在は5社が上場廃止、太字は新規付箋銘柄）

○	1407	ウエストHD (New)	○	3933	チエル (New)	×	6368	オルガノ （連続）
△	1726	Br. HD (New)	○	3962	チェンジ (New)	×	6379	レイズネク （連続）
×	1736	オーテック （連続）	○	3983	オロ	×	6403	**水道機** (New)
△	1787	ナカボテック	△	4025	多木化 (New)	○	6466	TVE (New)
△	1938	**日リーテック** (New)	○	4062	イビデン	○	6532	ベイカレント （連続）
×	1952	新日空調	△	4113	田岡化	○	6541	グレイス
○	1973	NESIC （連続）	△	4290	PI	○	6544	Jエレベータ
○	2004	**昭和産**	×	4299	ハイマックス (New)	○	6701	**NEC**
△	2127	**日本M&A** (New)	×	4307	野村総研 （連続）	○	6702	富士通 （連続）
○	2130	メンバーズ	△	4308	Jストリーム (New)	△	6722	A&T
△	2175	エスエムエス	○	4348	インフォコム	×	6736	サン電子 （連続）
○	2413	**エムスリー**	△	4369	トリケミカル （連続）	△	6750	エレコム （連続）
○	2471	エスプール （連続）	○	4396	システムサポ (New)	△	6754	アンリツ
×	2593	**伊藤園** (New)	○	4423	アルテリア (New)	△	6758	ソニーG (New)
△	2737	**トーメンデバ** (New)	○	4424	Amazia (New)	○	6920	レーザーテク （連続）
○	2760	**東エレデバ** (New)	○	4434	サーバワクス (New)	△	6947	図研
○	3038	神戸物産 （連続）	○	4447	PBシステム (New)	○	6951	日電子 （連続）
×	3107	**ダイワボHD** (New)	○	4465	ニイタカ (New)	△	7033	MSOL (New)
○	3110	**日東紡**	○	4475	HENNGE (New)	○	7034	プロレド
△	3141	ウエルシア (New)	○	4477	BASE (New)	○	7065	upr
○	3150	グリムス (New)	×	4478	フリー (New)	○	7093	アディッシュ (New)
△	3349	コスモス薬品 (New)	○	4480	メドレー (New)	○	7094	ネクストーン (New)
△	3360	シップHD	○	4483	JMDC (New)	×	7134	クルーバー (New)
×	3409	**北日紡**	○	4488	Alins (New)	×	7462	CAPITA (New)
×	3424	ミヤコ	○	4490	ビザスク (New)	×	7476	アズワン
×	3426	アトムリビン	○	4519	中外薬 (New)	×	7500	西川計測 (New)
×	3439	**三ツ知** (New)	△	4543	テルモ （連続）	○	7508	GセブンHD (New)
×	3458	CRE (New)	○	4552	JCRファ (New)	○	7518	ネットワン
△	3539	**JMHD** (New)	×	4563	アンジェス (New)	△	7532	パンパシHD
△	3563	F&LC	×	4568	第一三共	△	7564	ワークマン
○	3565	アセンテック (New)	○	4574	大幸薬品 (New)	×	7595	アルゴグラフ （連続）
×	3626	TIS （連続）	△	4612	**日本ペHD** (New)	×	7730	マニー
△	3635	コーテクHD （連続）	△	4684	オービック （連続）	×	7733	オリンパス （連続）
×	3659	**ネクソン**	○	4685	菱友システム （連続）	×	7741	HOYA （連続）
○	3677	**システム情報** (New)	○	4686	ジャスト （連続）	△	7747	朝日インテク
○	3678	メディアドゥ	△	4719	アルファ	×	7748	ホロン （連続）
○	3681	**ブイキューブ** (New)	×	4733	OBC (New)	×	7780	メニコン
○	3694	**オプティム** (New)	×	4739	CTC （連続）	×	7832	バンナムHD
○	3697	SHIFT （連続）	○	4776	サイボウズ （連続）	×	7903	名木材
×	3750	**サイトリ細研** (New)	○	4812	ISID （連続）	△	7947	エフピコ
△	3762	**テクマト**	×	4816	東映アニメ (New)	×	8038	東都水 （連続）
△	3768	**リスモン** (New)	△	4967	小林製薬 (New)	×	8056	ビプロジー
○	3769	**GMO-PG** (New)	△	4970	東洋合成 （連続）	○	8771	イー・ギャラ (New)
○	3774	**IIJ**	×	5273	三谷セキ (New)	○	8818	京阪神ビル
△	3798	ULSグルプ （連続）	×	6005	三浦工 (New)	×	9057	遠州トラック (New)
○	3804	**システムディ** (New)	○	6027	弁護士COM (New)	△	9090	丸和運機関 (New)
○	3834	**朝日ネット** (New)	○	6035	IRジャパン （連続）	△	9435	光通信
○	3835	eBASE （連続）	○	6062	チャームケア	○	9551	メタウォータ (New)
○	3836	アバント	○	6095	メドピア	×	9658	ビジ太田昭 (New)
△	3837	アドソル日進	○	6096	レアジョブ	○	9697	カプコン (New)
○	3844	コムチュア （連続）	○	6099	エラン	△	9818	大丸エナ
×	3850	イントラマト	○	6195	ホープ	△	9889	JBCCHD （連続）
×	3854	アイル	△	6231	**木村工機** (New)	△	9903	カンセキ
○	3923	ラクス	×	6367	**ダイキン** (New)			

■前号からの連続付箋銘柄：39銘柄（連続付箋率24.2%）

今号での新規付箋銘柄：77銘柄（新規付箋率47.8%）

2020年夏号は、日本国内で新型コロナウイルス第2波が拡大し、収束し始めた時期に発売されました。政府は2020年4月に1回目の緊急事態宣言を行い、5月25日まで継続しました。マスクの着用や三密（密閉、密集、密接）の回避、テレワークが推奨されました。

　マスクが極端な品不足になったため、政府から布マスク（当時の首相名から「アベノマスク」と呼ばれた）が配布されたのもこの頃です。

●コロナウイルスの日本における感染拡大の流れ
・2020年1月16日初の国内感染者を確認、1月30日WHOがパンデミック宣言
・第1波（2020年2月頃〜）：2020年4月11日新規陽性者数644人超、4月16日全国に緊急事態宣言
・第2波（2020年7月頃〜）：2020年8月7日新規陽性者数1,575人超
・第3波（2020年11月頃〜）：2021年1月8日新規陽性者数8,045人超、1月8日緊急事態宣言（2回目）
・第4波（2021年4月頃〜）：2021年5月8日新規陽性者数7,244人超、4月25日緊急事態宣言（3回目）
・第5波（2021年7月頃〜）：2021年8月20日新規陽性者数25,975人超、7月12日緊急事態宣言（4回目）
・第6波（2022年1月頃〜）：2022年2月1日新規陽性者数104,520人超
・第7波（2022年7月頃〜）：2022年8月19日新規陽性者数261,004人超
・第8波（2022年11月頃〜）：2023年1月6日新規陽性者数246,727人超

●国内の死者数（1日ごと）

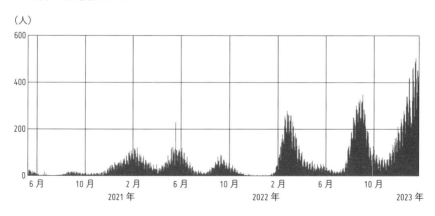

株価は、3月に歴史的な大暴落となった後は、世界的な金融緩和（金利を大幅に引き下げることで株価を維持する施策）や日銀による積極的なETF買いなどを受けて急反発し、おおむね下落前の水準を回復しました。

　ただし、その中身を見ると、コロナの影響がプラスになった業界とマイナスになった業界とでは、大きな差がありました。

● プラスになった業界：
　医療、ドラッグストア、食品スーパー、通販、IT、EC、巣ごもり消費、アウトドア、物流・倉庫、ハイテク、半導体など

● マイナスになった業界：
　外食、居酒屋、百貨店、アパレル、旅行・ホテル、航空・鉄道、自動車、娯楽施設、不動産など

　コロナショックのように人々のライフスタイルに大きな影響を与える出来事が発生すると、その変化が逆風となってしまう業界と追い風となる業界が出てきます。

　このような現象をパラダイムシフトと呼びますが、変化がプラスとなるか、マイナスとなるか。そして、その変化が一時的なものか、それとも継続的なものかを投資家は判断する必要があります。

◆前号の付箋との比較

　2020年夏号では、株価の急回復もあって、付箋数が53枚→161枚に急増しました。市場別では、東証プライムが69.6％で横ばい。東証スタンダードが18.6％に減って東証グロースが8.1％まで増えました。

　業種別では、情報通信が36.6％でトップを維持。サービス業が2位に返り咲きました。IT株やDX関連株のようにコロナが恩恵となった銘柄が多かったためだと思われます。同様に情報通信業やサービス業の比率

が高い上場3年未満のIPO銘柄の比率も3.8％から12.2％と増加し、新興市場に活気が戻ってきました。

　業績チェックの評価は○が74％から44％に大幅減少。今号で前号に続いて連続付箋をした銘柄は24.2％で、60.3％だった前号から減少しましたが、付箋数が増加したためです。

　逆に、今号で初めて付箋をした新規付箋銘柄が77社で47.8％と高い数字になりました。

　なお、第2章では、付箋をするのは50〜100銘柄程度までがよいと書きましたが、はっしゃんは、四季報を継続して速読しているので、100枚以上付箋を付けることもあります。今回は161社に付箋をしましたが、目的とする新規銘柄は77社と半分以下になります。このように、継続して速読している場合には、少しずつ付箋数を増やしてもかまいません。

◆付箋株その後の状況
　今号で初めて付箋を貼った銘柄にはエムスリー〈2413〉があります。

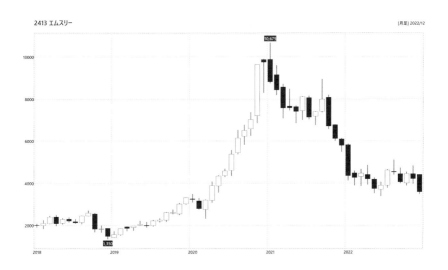

医師向けサイトを運営し、遠隔医療のサービスにも参入するなど、新型コロナショックが追い風となった同社はその後2.4倍まで上昇しました。

　しかし、新型コロナショック後の上昇相場がピークを過ぎると下落に転じていきました。

　同じく今号で初めて付箋をしたのがAI Inside〈4488〉です。AI技術を活用したクラウド型文字認識サービスを手掛ける先進企業で業績株価とも右肩上がりに急成長をし、株価も4倍以上になりましたが、メインのNTT向け売上が激減したことで業績が急激に落ち込み、株価も高値から-94%の大暴落になりました。

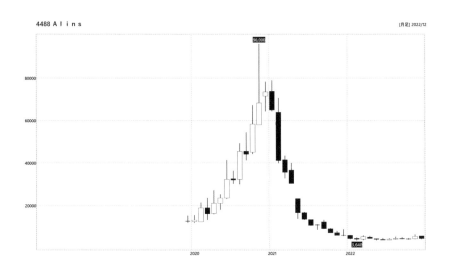

　もう1つ、今号ではじめて付箋した銘柄が東映アニメーション〈4816〉です。同社は、東映系列のアニメーション制作会社。キャラクター商品化権に強みを持つIP銘柄（Intellectual Propertyの略称で知的財産のこと）でクールジャパンを代表する企業ですが、付箋時は業績評価×となっていました。

　ところが、株価はその後も上昇し続け、2020年夏号から2021年秋号

までの期間で株価5倍。この段階の上昇は、業績を伴っていない「期待上げ」であったことから、いったん急落しましたが、その後、業績も拡大しはじめ、株価も反発。「成長上げ」のフェーズに入ったように見えます。

東映アニメーションへの付箋は次のようになっていて、評価〇は一度もありません。しかし、結果を見ると、今号が買いチャンスだったことが分かります。

2019年夏号：付箋なし　2019年秋号：付箋なし
2020年新春号：付箋なし　2020年春号：付箋なし　2020年夏号：評価×　2020年秋号：付箋なし
2021年新春号：付箋なし　2021年春号：評価×　2021年夏号：評価×　2021年秋号：評価×
2022年新春号：評価△　2022年春号：付箋なし　2022年夏号：付箋なし　2022年秋号：付箋なし
2023年新春号：付箋なし

このように、付箋の時点で、たとえ業績評価が×であったとしても、その後に業績と株価が伸びていくケースの好例と言えるでしょう。

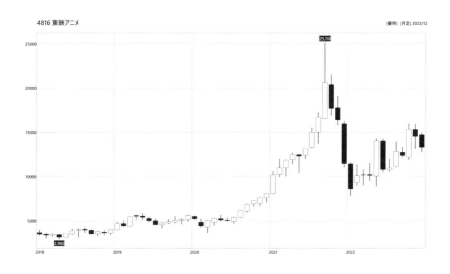

4816 東映アニメ　　　　　　　　　　　　　　　　　　　　　　[優待] [月足] 2022/12

『2020年秋号』
～ワクチン開発への期待と大きな政治的転換～

● 業種別の分類

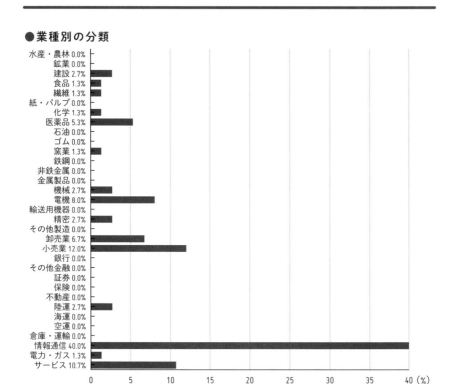

業種	割合
水産・農林	0.0%
鉱業	0.0%
建設	2.7%
食品	1.3%
繊維	1.3%
紙・パルプ	0.0%
化学	1.3%
医薬品	5.3%
石油	0.0%
ゴム	0.0%
窯業	1.3%
鉄鋼	0.0%
非鉄金属	0.0%
金属製品	0.0%
機械	2.7%
電機	8.0%
輸送用機器	0.0%
精密	2.7%
その他製造	0.0%
卸売業	6.7%
小売業	12.0%
銀行	0.0%
その他金融	0.0%
証券	0.0%
保険	0.0%
不動産	0.0%
陸運	2.7%
海運	0.0%
空運	0.0%
倉庫・運輸	0.0%
情報通信	40.0%
電力・ガス	1.3%
サービス	10.7%

● 市場別の分類　● 直近上場の分類　● 業績チェックの結果

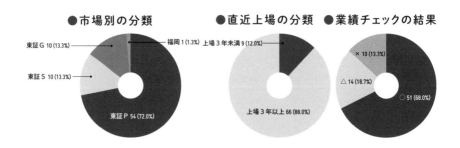

市場別の分類
東証G 10 (13.3%)
東証S 10 (13.3%)
福岡 1 (1.3%)
東証P 54 (72.0%)

直近上場の分類
上場3年未満 9 (12.0%)
上場3年以上 66 (88.0%)

業績チェックの結果
× 10 (13.3%)
△ 14 (18.7%)
○ 51 (68.0%)

●**2020年秋号の付箋リスト75社**

前号からの連続付箋銘柄（63銘柄）の連続付箋率 84.0%

今号での新規付箋銘柄（10銘柄）の新規付箋率 13.3%

●**2020年秋号の付箋株のその後**（2023年1月末時点）

最大時2倍株以上	16銘柄
最大時10倍株以上	0銘柄

●**付箋を貼った4社の株価チャート**

 四季報速読Watch2020年秋号ページ

https://kabubiz.com/shikiho/ranking.php?d=202009

●2020年秋号の付箋リスト75社（太字は新規付箋銘柄）

○ 1407 ウエストHD（連続）	○ 4348 インフォコム（連続）	○ 6701 NEC（連続）
○ 1431 リブワーク	○ 4447 PBシステム（連続）	△ 6736 サン電子（連続）
○ 1973 NESIC（連続）	○ 4475 HENNGE（連続）	○ 6750 エレコム（連続）
○ 2413 エムスリー（連続）	○ 4477 BASE（連続）	△ 6754 アンリツ（連続）
○ **2742 ハローズ** New	△ 4478 フリー（連続）	× 6758 ソニーG（連続）
△ **2897 日清食HD** New	○ **4479 マクアケ** New	○ 6920 レーザーテク（連続）
○ 3038 神戸物産（連続）	○ 4480 メドレー（連続）	○ **7068 FフォースG** New
○ 3150 グリムス（連続）	○ 4488 Alins（連続）	× 7476 アズワン（連続）
△ 3349 コスモス薬品（連続）	○ 4519 中外薬（連続）	○ 7508 GセブンHD（連続）
× 3409 北日紡（連続）	△ 4552 JCRファ（連続）	○ 7518 ネットワン（連続）
○ 3539 JMHD（連続）	△ 4568 第一三共（連続）	△ 7532 パンパシHD（連続）
○ 3565 アセンテック（連続）	○ 4574 大幸薬品（連続）	○ 7564 ワークマン（連続）
× 3626 TIS（連続）	△ 4684 オービック（連続）	× 7595 アルゴグラフ（連続）
△ 3635 コーテクHD（連続）	○ 4686 ジャスト（連続）	△ 7741 HOYA（連続）
○ 3678 メディアドゥ（連続）	○ 4776 サイボウズ（連続）	○ 7780 メニコン（連続）
○ 3681 ブイキューブ（連続）	○ 4970 東洋合成（連続）	× 8038 東都水（連続）
○ 3694 オプティム（連続）	× 5273 三谷セキ（連続）	○ **8279 ヤオコー** New
○ 3697 SHIFT（連続）	○ 6035 IRジャパン（連続）	○ 9090 丸和運機関（連続）
× 3750 サイトリ細研（連続）	○ **6036 KeePer** New	○ **9143 SGHD** New
○ 3769 GMO-PG（連続）	○ 6095 メドピア（連続）	× **9468 カドカワ** New
○ 3835 eBASE（連続）	○ 6195 ホープ（連続）	○ 9551 メタウォータ（連続）
○ 3923 ラクス（連続）	△ **6254 野村マイクロ** New	○ 9697 カプコン（連続）
○ 3962 チェンジ（連続）	× 6367 ダイキン（連続）	△ 9746 TKC
△ 4307 野村総研（連続）	○ 6532 ベイカレント（連続）	○ **9890 マキヤ** New
○ 4308 Jストリーム（連続）	○ 6544 Jエレベータ（連続）	△ 9903 カンセキ（連続）

■前号からの連続付箋銘柄：63銘柄（連続付箋率84.0%）

　今号での新規付箋銘柄：10銘柄（新規付箋率13.3%）

　2020年秋号は、新型コロナウイルス第2波がほぼ収束し、GoToトラベル、GoToイートなどの経済対策が期待されている状況で発売されました。発売前7月の東京都知事選で小池百合子都知事が圧勝で再選されたほか、8月には在任期間が歴代最長となっていた安倍首相が体調不良から辞任を表明するなど、政治に大きな動きがありました。

　また、米国のファイザー社やモデルナ社から新型コロナワクチンの開発と翌年からの実用化方針が示され、コロナウイルスに対する脅威がや

や後退しました。コロナショック暴落前の水準まで回復した株価は、その水準を維持した後、年末にかけて、さらに大きく上昇することになります。

◆前号の付箋との比較

　2020年秋号は株価が急回復した後、横ばいとなった時期でもあり、付箋数は161枚→75枚に減少しました。市場別では、東証プライムが72％と微増。東証スタンダードと東証グロースは13.3％ずつと同水準でした。

　業種別では、情報通信が40％でトップを維持し、2位には小売業が12％で躍進。サービス業は10.7％で3位になりました。上場3年未満のIPO銘柄の比率は12％と前号から横ばいで高水準を維持し、新興市場の活気が継続しています。

● 今号で付箋をした小売業の銘柄

〈2742〉ハローズ（食品スーパー）

〈3349〉コスモス薬品（ドラッグストア）

〈3539〉JMHD（食品スーパー）

〈7508〉GセブンHD（食品スーパー）

〈7532〉パンパシHD（ディスカウントストア）

〈7564〉ワークマン（作業服店）

〈8279〉ヤオコー（食品スーパー）

〈9890〉マキヤ（食品スーパー）

〈9903〉カンセキ（ホームセンター）

　コロナ禍で飲食店の営業が制限されたことで売上を伸ばした食品スーパーに多数付箋が貼られているのが分かります。他もドラッグストアやディスカウントストア、ホームセンターなどコロナメリット株が目立ち

第4章 四季報速読法（体験学習編）

ました。

　これらの銘柄の注意点として、特需で売上が拡大しているという点です。コロナが収束してくると特需は終わりますから、株価が持続的に上昇する（業績が今後も伸びていく）か、よく考えて判断する必要があります。実際、今号で付箋をした小売銘柄の多くは、付箋をした直後に天井を付け、下落に転じています。

　業績チェックの評価は〇が44％から68％へと増加。今号で前号に続いて連続付箋をした銘柄は84％で、24.2％だった前号から大幅な増加。付箋が減ったこともありますが、同じ銘柄が続いて上昇していることを意味します。
　今号で初めて付箋をした新規付箋銘柄は、10社でわずか13.3％まで減少し、新鮮味の少ない顔ぶれになりました。

◆付箋株その後の状況
　今号で初めて付箋をした銘柄に野村マイクロ〈6254〉があります。

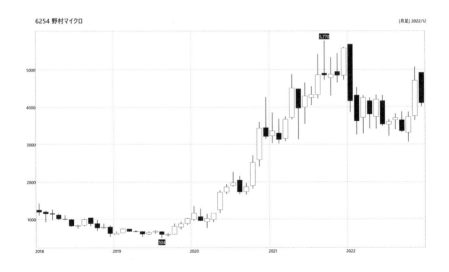

半導体の超純水製造装置を手掛ける同社は、コロナウイルスの流行からDXが進んだ結果、半導体投資が活発化したことで業績が急拡大しました。

　その後の最大上昇時には、3.3倍まで上昇しました。

『2021年新春号』～コロナショック前を 大幅に上回る27,000円台まで上昇～

●業種別の分類

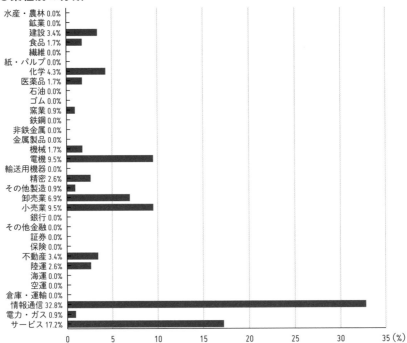

業種	割合
水産・農林	0.0%
鉱業	0.0%
建設	3.4%
食品	1.7%
繊維	0.0%
紙・パルプ	0.0%
化学	4.3%
医薬品	1.7%
石油	0.0%
ゴム	0.0%
窯業	0.9%
鉄鋼	0.0%
非鉄金属	0.0%
金属製品	0.0%
機械	1.7%
電機	9.5%
輸送用機器	0.0%
精密	2.6%
その他製造	0.9%
卸売業	6.9%
小売業	9.5%
銀行	0.0%
その他金融	0.0%
証券	0.0%
保険	0.0%
不動産	3.4%
陸運	2.6%
海運	0.0%
空運	0.0%
倉庫・運輸	0.0%
情報通信	32.8%
電力・ガス	0.9%
サービス	17.2%

●市場別の分類　●直近上場の分類　●業績チェックの結果

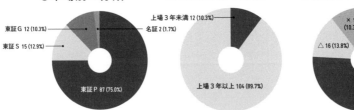

市場別の分類：東証G 12 (10.3%)、東証S 15 (12.9%)、東証P 87 (75.0%)

直近上場の分類：上場3年未満 12 (10.3%)、名証 2 (1.7%)、上場3年以上 104 (89.7%)

業績チェックの結果：× 12 (10.3%)、△ 16 (13.8%)、○ 88 (75.9%)

●**2021年新春号の付箋リスト116社**

前号からの連続付箋銘柄（52銘柄）の連続付箋率44.8%

今号での新規付箋銘柄（28銘柄）の新規付箋率24.1%

●**2021年新春号の付箋株のその後**（2023年1月末時点）

最大時2倍株以上	11銘柄
最大時10倍株以上	0銘柄

●**付箋を貼った4社の株価チャート**

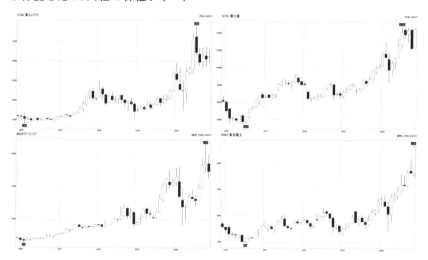

 四季報速読Watch2021年新春号ページ

https://kabubiz.com/shikiho/ranking.php?d=202012

●2021年新春号の付箋リスト116社 (太字は新規付箋銘柄)

○ 1407 ウエストHD (連続)	○ 3769 GMO-PG (連続)	○ 6195 ホープ (連続)
○ 1431 リブワーク (連続)	○ 3774 IIJ	○ **6199 セラク New**
○ **1444 ニッソウ New**	○ **3796 いい生活 New**	○ 6254 野村マイクロ (連続)
× 1938 日リーテック	○ 3798 ULSグループ	○ 6466 TVE
○ 1973 NESIC (連続)	△ 3835 eBASE (連続)	○ 6532 ベイカレント (連続)
△ 2127 日本M&A	○ **3915 テラスカイ New**	○ 6533 オーケストラ
○ **2148 ITメディア New**	○ **3922 PRTIME New**	○ 6544 Jエレベータ (連続)
○ **2150 ケアネット New**	○ 3923 ラクス (連続)	○ 6564 ミダックHD
○ 2384 SBSHD	○ 3962 チェンジ (連続)	○ **6666 リバーエレ New**
○ 2412 ベネ・ワン	△ **3994 マネフォ New**	○ 6701 NEC (連続)
○ 2413 エムスリー (連続)	○ **3998 すららネット New**	○ 6702 富士通
○ 2471 エスプール	○ 4062 イビデン	○ 6750 エレコム (連続)
○ **2491 Vコマース New**	○ 4113 田岡化	△ 6758 ソニー・G (連続)
○ **2588 プレミアムW New**	△ 4307 野村総研 (連続)	× **6797 名古屋電 New**
○ 2760 東エレデバ	○ 4308 Jストリーム (連続)	× 6845 アズビル
○ **2929 ファーマF New**	○ 4348 インフォコム (連続)	× 6861 キーエンス
○ 2970 グッドライフ	○ 4369 トリケミカル	○ 6920 レーザーテク (連続)
○ **3031 ラクーンHD New**	○ **4436 ミンカブ New**	○ **6967 新光電工 New**
○ 3038 神戸物産	○ 4475 HENNGE (連続)	○ 7033 MSOL
○ **3064 モノタロウ New**	△ 4478 フリー (連続)	× 7476 アズワン (連続)
○ **3080 ジェーソン New**	○ **4485 JTOWER New**	○ 7518 ネットワン
△ **3096 オーシャンシ New**	○ 4519 中外薬 (連続)	○ 7532 パンパシHD (連続)
○ 3141 ウエルシア	× 4568 第一三共 (連続)	× 7733 オリンパス
○ 3150 グリムス (連続)	○ 4612 日本ペHD	○ 7741 HOYA (連続)
○ **3182 オイシックス New**	× 4661 OLC	○ 7780 メニコン (連続)
△ 3349 コスモス薬品 (連続)	○ 4684 オービック (連続)	× 7832 バンナムHD
× **3359 cotta New**	○ 4686 ジャスト (連続)	× 8038 東都水 (連続)
○ 3360 シップHD	△ 4739 CTC	○ **8113 ユニチャーム New**
△ 3371 ソフトクリエ	○ 4776 サイボウズ (連続)	× 8818 京阪神ビル
○ **3491 GAテクノ New**	○ 4812 ISID	○ **8919 カチタス New**
○ 3563 F&LC	△ 4828 ビーエンジ	○ 9090 丸和運機関 (連続)
○ 3565 アセンテック (連続)	○ 4970 東洋合成 (連続)	○ 9143 SGHD (連続)
○ **3633 GMOペパボ New**	○ **5217 テクノクオツ New**	○ 9468 カドカワ (連続)
△ 3635 コーテクHD (連続)	○ 6027 弁護士COM	○ 9551 メタウォータ (連続)
△ 3678 メディアドゥ (連続)	○ 6035 IRジャパン (連続)	○ 9697 カプコン (連続)
△ 3681 ブイキューブ (連続)	○ 6036 KeePer (連続)	△ 9746 TKC (連続)
○ 3694 オプティム (連続)	○ 6095 メドピア (連続)	△ 9903 カンセキ (連続)
○ 3697 SHIFT (連続)	○ 6099 エラン	△ 9983 ファストリ
△ 3762 テクマト		

■前号からの連続付箋銘柄：52銘柄 (連続付箋率44.8%)

　今号での新規付箋銘柄：28銘柄 (新規付箋率24.1%)

2021年新春号は、日本の総理大臣が安倍首相から菅義偉首相へとバトンタッチし、米国の新大統領として民主党のジョー・バイデン氏が当選するなど、政治が新しい動きとなる中で発売されました。

　株価は、バイデン大統領の当選前から米国市場が大幅上昇となったことが追い風となり、日本市場でも日経平均株価が12月には、コロナショック前を大幅に上回る27,000円台まで上昇しました。

●2020年末までの日経平均株価チャート

　一方で、いったん収束していた新型コロナウイルスは、第3波が再び猛威を振るい始めました。政府は、年が明けた2021年の1月7日から2回目の緊急事態宣言を行い、3月21日まで続きました。

　また、2021年2月から新型コロナウイルスのワクチン接種が医療関係者や高齢者から開始され、順次拡大されていきました。

◆前号の付箋との比較

　2021年新春号は、株価が急上昇してきた号であり、右肩上がりの銘

柄も多くなり、付箋数は75枚→116枚に増加しました。市場別では、東証プライムが75％に増加。東証スタンダード12.9％、東証グロース10.3％となりました。

　業種別では、情報通信が32.8％で減少したもののトップを維持し、2位はサービス業が17.2％と大幅増加。電機と小売業が9.5％で続きました。上場3年未満のIPO銘柄の比率は10.3％と高めの水準が続いています。

　大幅増加したサービス業の内訳を見ると、DXに関連したコンサルや医師向けメディア関連が入っているのが分かります。

● 本号で付箋をしたサービス業の銘柄

〈2127〉日本M&A（M＆A仲介）

〈2148〉ITメディア（IT業界メディア）

〈2150〉ケアネット（医師向けメディア）

〈2412〉ベネ・ワン（健康診断・福利厚生）

〈2413〉エムスリー（医師向けメディア）

〈2471〉エスプール（派遣・障害者雇用）

〈2491〉Vコマース（ネット広告）

〈4661〉OLC（東京ディズニーランド）

〈6027〉弁護士COM（電子契約事業）

〈6035〉IRジャパン（M＆A仲介）

〈6036〉KeePER（カーコーティング）

〈6095〉メドピア（医師向けメディア）

〈6099〉エラン（病院向けレンタル）

〈6195〉ホープ（電力小売）

〈6199〉セラク（ITインフラ構築）

〈6532〉ベイカレント（コンサル）

〈6533〉 オーケストラ（デジタルマーケティング）

〈6544〉 Jエレベータ（エレベータ保守）

〈6564〉 ミダックHD（産廃処理・リサイクル）

〈7033〉 MSOL（コンサル）

　業績チェックの評価は○が68％から75.9％へと増加。今号で前号に続いて連続付箋をした銘柄は44.8％と前号に比べ低くなりました。

　今号で初めて付箋をした新規付箋銘柄は、24.1％となり、上昇相場になったことで、前号の13.3％から増加に転じました。

◆付箋株その後の状況

　今号で初めて付箋をした銘柄には、モノタロウ〈3064〉があります。工具や資材のネット通販で成長してきた銘柄ですが、付箋をしたところがほぼ天井付近になった形で、その後の株価は調整が続くことになりました。

　このように、右肩上がりに付箋をするということは、上昇相場から下

降相場に転換した場合は、高値になってしまうリスクがあることを忘れてはいけません。

　さて、モノタロウは29ページ「リーマンショック後に10倍株以上に成長した銘柄リスト」で紹介した10倍株リストで、上昇率1位のウェストHD 334.2倍に次ぐ、上昇率2位銘柄でもあります。

　モノタロウの2008年リーマンショック以降の株価チャートは次のようになっています。

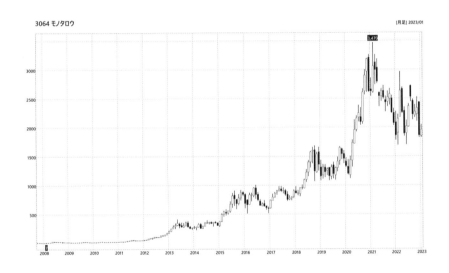

【株Biz】10倍株CLUBから分かるモノタロウのリーマンショック基準の状況では、

　【現倍率】279.1倍
　【最大倍率】495.7倍
　【最大倍率の期間】2008-01 〜 2021-02（13年1ヶ月）
　【最安値月】2008-02
　【最高値月】2021-02

【高値後経過】1年11ヶ月

【最高値比】-43.7%

となっています（2023年1月現在）。

参考：【株Biz】10倍株CLUBのモノタロウのページ

https://kabubiz.com/10bagger/stock.php?c=3064

　10倍株CLUBによると、モノタロウは、2008年1月から2021年2月まで13年1ヶ月もの間、上昇し続けたことが分かります。

　13年間続いた上昇が2021年で終わったかは確定ではありませんが、このように長く上昇し続けた成長株の事例として、参考になるのではないでしょうか。

『2021年春号』〜日経平均株価30年ぶりに 30,000円台を回復し147銘柄の候補株に〜

●業種別の分類

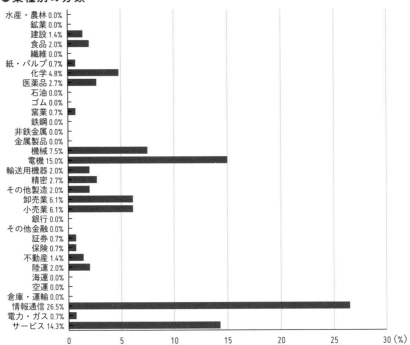

●市場別の分類　　　●直近上場の分類　　●業績チェックの結果

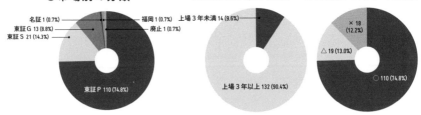

●2021年春号の付箋リスト147社

前号からの連続付箋銘柄（76銘柄）の連続付箋率 51.7%

今号での新規付箋銘柄（45銘柄）の新規付箋率 30.6%

●2021年春号の付箋株のその後（2023年1月末時点）

最大時2倍株以上	19銘柄
最大時10倍株以上	0銘柄

●付箋を貼った4社の株価チャート

 四季報速読Watch2021年春号ページ

https://kabubiz.com/shikiho/ranking.php?d=202103

第4章 四季報速読法（体験学習編）

●2021年春号の付箋リスト147社（うち1社は後に上場廃止、太字は新規付箋銘柄）

○	1407	ウエストHD（連続）	○	4490	ビザスク	△	6845	アズビル（連続）
○	1431	リブワーク（連続）	○	4519	中外薬（連続）	○	6855	電子材料 New
○	2130	メンバーズ	○	4552	JCRファ	○	6857	アドテスト
○	2150	ケアネット（連続）	×	4568	第一三共（連続）	△	6861	キーエンス（連続）
○	2303	ドーン New	○	4661	OLC（連続）	○	6920	レーザーテク（連続）
○	2384	SBSHD（連続）	○	4684	オービック（連続）	○	6951	日電子
○	2412	ベネ・ワン（連続）	×	4685	菱友システム	○	6967	新光電工（連続）
○	2413	エムスリー（連続）	○	4686	ジャスト（連続）	○	6976	太陽誘電 New
○	2471	エスプール（連続）	○	4812	ISID（連続）	○	6981	村田製 New
○	2588	プレミアムW（連続）	×	4816	東映アニメ	○	7033	MSOL（連続）
○	2760	東エレデバ（連続）	○	4880	セルソース New	○	7071	アンビスHD
○	2919	マルタイ New	△	4970	東洋合成（連続）	×	7157	ライフネット New
○	2929	ファーマF（連続）	△	4975	JCU New	○	7309	シマノ New
○	2980	SREHD New	○	5217	テクノクオツ（連続）	○	7317	松屋R&D New
○	3021	PCNET New	×	6005	三浦工	△	7476	アズワン
○	3038	神戸物産（連続）	○	6035	IRジャパン（連続）	○	7532	パンパシHD（連続）
○	3064	モノタロウ（連続）	○	6036	KeePer（連続）	○	7564	ワークマン
○	3360	シップHD（連続）	○	6062	チャームケア	○	7570	橋本総業HD New
○	3563	F&LC（連続）	○	6070	キャリアL New	△	7733	オリンパス（連続）
○	3635	コーテクHD（連続）	○	6095	メドピア（連続）	○	7741	HOYA（連続）
○	3659	ネクソン	○	6098	リクルート	△	7747	朝日インテク
○	3681	ブイキューブ（連続）	○	6099	エラン（連続）	○	7780	メニコン（連続）
○	3694	オプティム（連続）	○	6200	インソース	×	7832	バンナムHD（連続）
○	3697	SHIFT（連続）	△	6201	豊田織 New	○	7839	SHOEI
○	3769	GMO-PG（連続）	○	6254	野村マイクロ（連続）	×	7903	名木材
○	3774	IIJ（連続）	×	6273	SMC	○	7974	任天堂 New
○	3836	アバント	○	6323	ローツェ New	△	8001	伊藤忠
×	3839	ODK New	○	6328	荏原実業 New	○	8005	スクロール New
○	3922	PRTIME（連続）	○	6365	電業社 New	○	8035	東エレク New
○	3923	ラクス（連続）	×	6367	ダイキン	○	8038	東都水（連続）
○	3937	Ubicom New	△	6383	ダイフク New	×	8088	岩谷産 New
△	3955	イムラ封筒 New	○	6387	サムコ New	×	8267	イオン New
△	3994	マネフォ（連続）	△	6406	フジテック New	○	8698	マネックスG New
○	4051	GMO-FG New	○	6466	TVE	○	8919	カチタス
○	4062	イビデン（連続）	○	6532	ベイカレント（連続）	○	9090	丸和運機関（連続）
△	4063	信越化 New	○	6533	オーケストラ（連続）	○	9143	SGHD（連続）
○	4113	田岡化（連続）	○	6544	Jエレベータ（連続）	×	9441	ベルパーク New
△	4185	JSR New	○	6564	ミダックHD（連続）	○	9468	カドカワ（連続）
○	4187	大有機 New	○	6594	日電産（連続）	×	9519	レノバ New
○	4307	野村総研（連続）	△	6645	オムロン New	×	9605	東映
○	4308	Jストリーム（連続）	○	6666	リバーエレ（連続）	○	9658	ビジ太田昭
○	4369	トリケミカル（連続）	○	6701	NEC（連続）	○	9663	ナガワ New
○	4436	ミンカブ（連続）	○	6702	富士通（連続）	△	9687	KSK New
○	4443	Sansan New	○	6727	ワコム New	○	9697	カプコン（連続）
○	4449	ギフティ New	△	6736	サン電子	○	9746	TKC（連続）
△	4475	HENNGE（連続）	○	6750	エレコム（連続）	○	9759	NSD
×	4477	BASE	○	6754	アンリツ	○	9903	カンセキ（連続）
△	4478	フリー（連続）	△	6758	ソニーG（連続）	○	9983	ファストリ（連続）
○	4485	JTOWER（連続）	○	6797	名古屋電（連続）	○	9984	SBG

■前号からの連続付箋銘柄：76銘柄（連続付箋率51.7%）

今号での新規付箋銘柄：45銘柄（新規付箋率30.6%）

四季報2021年春号は、新型コロナウイルス第3波による緊急事態宣言（2回目）が続く中で発売されました。

　政治では、新型コロナウイルスの収束が進まないことや、菅義偉首相の長男が総務省に接待された問題などが影響し、内閣の支持率は低下傾向になっていきました。海外では、中国の全人代で香港の選挙制度変更が決定されて一国二制度が形骸化したほか、ミャンマーでは国軍のクーデターが発生して民主派勢力が弾圧されるなど、強権国家の動きが目立ちました。

　このような情勢の中、株価は米国市場の騰勢を背景に買い優勢が続き、日経平均株価は、2021年2月、実に30年ぶりに30,000円台を回復しました。

●30年ぶりに3万円を回復した日経平均株価チャート（年足）

　なお、2回目の緊急事態宣言は、3月21日に解除されましたが、新たな変異株（アルファ株）の出現で感染者数が再び増加に転じ、4月23日に

は3回目の緊急事態宣言が実施されました。そして、3回目の緊急事態宣言が完全に解除されるのには7月末までかかりました。

◆前号の付箋との比較

2021年春号は、前年末から年始にかけて日経平均株価が30,000円台を回復するなど、株価がさらに急上昇してきた時期にあたります。右肩上がり銘柄の数はさらに増え、付箋数は116枚→147枚に増加しました。市場別では、東証プライムが74.8%と高水準を維持。東証スタンダード14.3%、東証グロース8.8%となりました。

業種別では、情報通信が26.5%で減少ながらトップを維持し、2位には15%を占めた電機が浮上。3位がサービス業の14.3%でした。

電機業界が躍進してきたのは、コロナ禍においてDXなどIT投資が活発化していたところに、自動車EV化などの動きも加わり、半導体需要が急増したという背景があります。

日本株上昇の中でも、特にレーザーテックや東洋合成工業など、半導体製造装置や半導体材料を手掛ける企業の株価躍進が目に付きました。需要に供給が追いつかず半導体不足が問題になったのもこの頃です。コロナ禍で工場が停止するなどサプライチェーンも影響を受け、半導体が入手できないなどの理由で新車の販売が延期されたり、スマホや電機製品が品薄になる事態が発生しました。

● 本号で付箋した主な半導体関連企業

〈2760〉東エレデバ（商社）

〈4062〉イビデン（ICパッケージ）

〈4185〉JSR（レジスト）

〈4187〉大阪有機（電子部品原料）

〈4369〉 トリケミカル（半導体原料）

〈5217〉 テクノクオツ（石英部品）

〈6254〉 野村マイクロ（超純水製造装置）

〈6323〉 ローツェ（搬送装置）

〈6758〉 ソニーG（CMOSセンサー）

〈6855〉 電子材料（検査装置部品）

〈6857〉 アドテスト（製造装置）

〈6920〉 レーザーテック（マスク欠陥検査装置）

〈6951〉 日本電子（電子顕微鏡）

〈6967〉 新光電工（リードフレーム）

〈6981〉 村田製作所（電子部品）

〈7741〉 HOYA（ガラス基板）

〈8035〉 東京エレク（製造装置）

業績チェックの評価は○が前号並みの74.8％と高水準。前号に続いて連続付箋をした銘柄は44.8％から51.7％へと増加し、同じ銘柄が上昇し続ける傾向が顕著になりました。

今号で初めて付箋をした新規付箋銘柄は30.6％となり、上昇相場が続いたことで、前号の24.1％からさらに増加に転じました。

◆付箋株その後の状況

今号で初めて付箋をした銘柄には、SMC〈6273〉があります。同社は、ファクトリーオートメーション（FA）の空圧制御機器で世界トップとなる企業です。コロナの影響で工場ラインの自動化の引き合いが増加し、2021年末まで株価の上昇が続きました。

6273 ＳＭＣ   [月足] 2022/12

　同じく2021年春号で初めて付箋をした銘柄にキャリアリンク〈6070〉
があります。同社は、人材派遣や業務請負を中心とする人材ビジネスの
会社です。人材業界の市場規模は年々拡大していて、他にも本号で付箋
しているエスプール〈2471〉などの10倍株が登場しています。

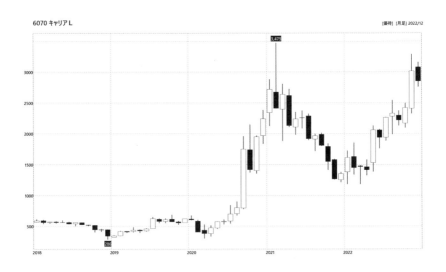

6070 キャリアＬ   [優待] [月足] 2022/12

キャリアリンクの株価は、今号で付箋を付けたところでいったんピークになり、そこから下げましたが、その後は反発して新高値を伺う位置まで戻しました。

　この期間の業績は、増収増益で成長が続いていました。株価が調整した局面が逆に買いチャンスになった事例と言えるでしょう。

2471 エスプール　　　　　　　　　　　　　　　　　　　　　　　　[月足] 2022/12

『2021年夏号』
～東京オリンピック開催の裏で61銘柄に半減～

●業種別の分類

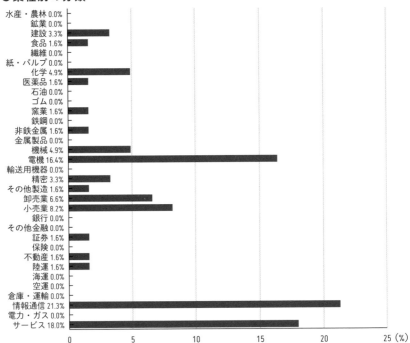

業種	割合
水産・農林	0.0%
鉱業	0.0%
建設	3.3%
食品	1.6%
繊維	0.0%
紙・パルプ	0.0%
化学	4.9%
医薬品	1.6%
石油	0.0%
ゴム	0.0%
窯業	1.6%
鉄鋼	0.0%
非鉄金属	1.6%
金属製品	0.0%
機械	4.9%
電機	16.4%
輸送用機器	0.0%
精密	3.3%
その他製造	1.6%
卸売業	6.6%
小売業	8.2%
銀行	0.0%
その他金融	0.0%
証券	1.6%
保険	0.0%
不動産	1.6%
陸運	1.6%
海運	0.0%
空運	0.0%
倉庫・運輸	0.0%
情報通信	21.3%
電力・ガス	0.0%
サービス	18.0%

●市場別の分類　　●直近上場の分類　●業績チェックの結果

市場別の分類：
名証 1 (1.6%)
東証 G 6 (9.8%)
東証 S 10 (16.4%)
東証 P 44 (72.1%)

直近上場の分類：
上場 3 年未満 9 (14.8%)
上場 3 年以上 52 (85.2%)

業績チェックの結果：
× 3 (4.9%)
△ 7 (11.5%)
○ 51 (83.6%)

●2021年夏号の付箋リスト61社

　前号からの連続付箋銘柄（50銘柄）の連続付箋率 81.9%

　今号での新規付箋銘柄（8銘柄）の新規付箋率 13.1%

●2021年夏号の付箋株のその後（2023年1月末時点）

最大時 2 倍株以上	8 銘柄
最大時 10 倍株以上	0 銘柄

●付箋を貼った4社の株価チャート

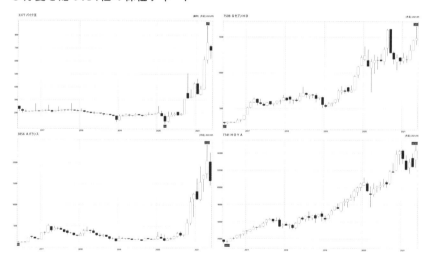

 四季報速読Watch2021年夏号ページ

https://kabubiz.com/shikiho/ranking.php?d=202106

●2021年夏号の付箋リスト61社（太字は新規付箋銘柄）

○ 1407 ウエストHD（連続）	○ 4062 イビデン（連続）	△ 6736 サン電子（連続）
○ 1431 リブワーク（連続）	○ 4063 信越化（連続）	△ 6758 ソニーG（連続）
○ 2130 メンバーズ（連続）	○ 4307 野村総研（連続）	△ 6797 名古屋電（連続）
○ 2150 ケアネット（連続）	○ **4327 日本SHL New**	○ 6845 アズビル（連続）
○ 2384 SBSHD（連続）	○ 4436 ミンカブ（連続）	○ 6857 アドテスト（連続）
○ 2413 エムスリー（連続）	○ 4684 オービック（連続）	○ 6920 レーザーテク（連続）
○ 2760 東エレデバ（連続）	○ 4812 ISID（連続）	○ 6951 日電子（連続）
○ 2929 ファーマF（連続）	× 4816 東映アニメ（連続）	○ 6967 新光電工（連続）
○ 2980 SREHD（連続）	○ 4880 セルソース（連続）	○ 7033 MSOL（連続）
○ 3021 PCNET（連続）	○ **4934 Pアンチエイ New**	○ 7071 アンビスHD（連続）
○ 3031 ラクーンHD	○ 4970 東洋合成（連続）	○ **7092 FFJ New**
○ 3038 神戸物産（連続）	○ 5217 テクノクオツ（連続）	× **7342 ウェルスナビ New**
△ 3182 オイシックス	△ **5857 アサヒHD New**	○ 7508 GセブンHD
○ **3377 バイク王 New**	○ 6035 IRジャパン（連続）	○ 7741 HOYA（連続）
○ 3563 F&LC（連続）	○ 6254 野村マイクロ（連続）	○ 7780 メニコン（連続）
○ 3635 コーテクHD（連続）	○ 6323 ローツェ（連続）	× **7944 ローランド New**
○ 3774 IIJ（連続）	△ 6328 荏原実業（連続）	○ 8001 伊藤忠（連続）
○ 3836 アバント（連続）	○ 6532 ベイカレント（連続）	○ 9468 カドカワ（連続）
△ 3839 ODK（連続）	○ 6544 Jエレベータ（連続）	○ 9697 カプコン（連続）
○ **3856 Aバランス New**	○ 6564 ミダックHD（連続）	
○ 3923 ラクス（連続）	○ 6702 富士通（連続）	

■前号からの連続付箋銘柄：50銘柄（連続付箋率81.9％）

　今号での新規付箋銘柄：8銘柄（新規付箋率13.1％）

　2021年夏号は、新型コロナウイルス3回目の緊急事態宣言のさなかに発売されました。

　米国MLBでは大谷翔平投手が二刀流でホームランを量産するなど大活躍し、オールスターゲームのホームラン競争に出場したことが話題になりました。

　高校野球では、前年はコロナで中止されていた夏の甲子園が再開。決勝戦では、智弁学園と智弁和歌山の兄弟校が対戦。智弁和歌山が優勝しました。

　そして、8月からは1年延期されていた東京オリンピックが開幕。緊急事態宣言が発令されたままでの開催となりました。流行中の変異ウイルスを警戒されながらもスポーツ活動が少しずつ再開され、社会が正常

化へと歩み始めていました。

◆前号の付箋との比較
　2021年夏号は、日経平均株価が30,000円台を挟んで活況となっていた時期ですが、株価は横ばい傾向となったため、付箋数は147枚→61枚に急減しました。これは、はっしゃん自身が評価基準を厳しめに転換したこともあります。市場別では、東証プライムが72.1%と高水準。東証スタンダード16.4%、東証グロース9.8%でした。

　業種別では、情報通信が21.3%でトップを維持しましたが比率は低下傾向。2位は18%でサービス業、3位は16.4%で電機となりトップ3に変動はありませんでした。

　業績チェックの評価は○が83.6%とかなり高い水準。前号に続いて連続付箋をした銘柄は前号51.7%から81.9%まで上昇し、同じ銘柄が上昇し続ける傾向が極端になってきました。現在の株高を「コロナバブル」という意見も出始めた頃です。

　今号で初めて付箋をした新規付箋銘柄は13.1%で、付箋数が減ったこと、同じ銘柄が上昇し続ける傾向が強かったことから減少しました。

　前に、はっしゃんが評価基準を厳しめに転換したと書きましたが、その理由は、同じような銘柄が上昇し続けた結果、割高な銘柄が増えてきたからです。業績拡大を伴った銘柄でも特需的に急拡大したパターンが増え、来期以降も同じペースで成長し続けると思えないものが増えました。そして、実際に多くが2021年後半をピークに失速しました。
　株価水準が割高かどうかや、今後の伸びしろを判断する方法については、第5章の理論株価編で詳しく解説します。

◆付箋株その後の状況

　今号で初めて付箋を貼った銘柄にアサヒ HD〈5857〉があります。スクラップのリサイクルや貴金属回収事業を手掛ける同社は、コロナショックを底に株価が急反発しました。コロナ禍でサプライチェーンが停滞する中、リサイクルが注目された形です。

　2021年5月には2,425円とコロナショック安値から2.5倍まで上昇しましたが、付箋を貼った位置が頂点となり、その後は調整局面に入りました。

　今後で初めて付箋をした銘柄に、株価が10分の1未満まで暴落したプレミアアンチエイジング〈4934〉もあります。同社は、化粧落とし商品の通販を主力とした化粧品メーカーですが、上場から2年目で成長倒れになり、業績・株価ともに急落しました。

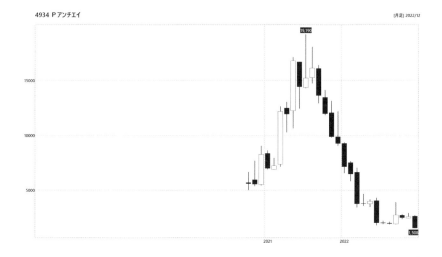

4934 P アンチエイ 　　　　　　　　　　　　　　　　　　　　　　　　　　　　[月足] 2022/12

　新規上場銘柄には、業績好調を追い風に規模の拡大を追求して上場を
果たした後、最初のつまずきで成長期に見られなかった隠れた問題点が
露呈して一気に崩壊するようなケースがあります。

　このような現象は、上場ゴールなどとも呼ばれますが、しばしば見ら
れます。

　新規上場銘柄はハイリターンが期待できる反面、ハイリスクでもある
ことを承知しておきましょう。

『2021年秋号』
～運送関連株が上がりコロナ禍からの立ち直り?～

●業種別の分類

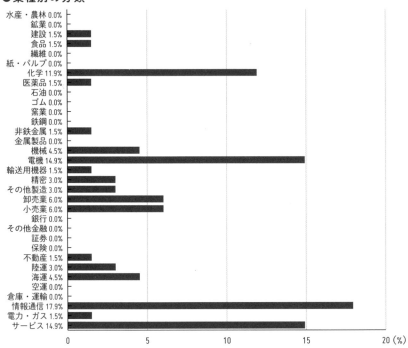

業種	割合
水産・農林	0.0%
鉱業	0.0%
建設	1.5%
食品	1.5%
繊維	0.0%
紙・パルプ	0.0%
化学	11.9%
医薬品	1.5%
石油	0.0%
ゴム	0.0%
窯業	0.0%
鉄鋼	0.0%
非鉄金属	1.5%
金属製品	0.0%
機械	4.5%
電機	14.9%
輸送用機器	1.5%
精密	3.0%
その他製造	3.0%
卸売業	6.0%
小売業	6.0%
銀行	0.0%
その他金融	0.0%
証券	0.0%
保険	0.0%
不動産	1.5%
陸運	3.0%
海運	4.5%
空運	0.0%
倉庫・運輸	0.0%
情報通信	17.9%
電力・ガス	1.5%
サービス	14.9%

●市場別の分類

東証G 4 (6.0%)
東証S 8 (11.9%)
名証 1 (1.5%)
東証P 54 (80.6%)

●直近上場の分類

上場3年未満 5 (7.5%)
上場3年以上 62 (92.5%)

●業績チェックの結果

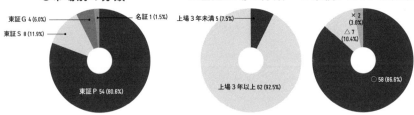

× 2 (3.0%)
△ 7 (10.4%)
○ 58 (86.6%)

172

●**2021年秋号の付箋リスト67社**

前号からの連続付箋銘柄（40銘柄）の連続付箋率 59.7%

今号での新規付箋銘柄（12銘柄）の新規付箋率 17.9%

●**2021年秋号の付箋株のその後**（2023年1月末時点）

最大時2倍株以上	3 銘 柄
最大時10倍株以上	0 銘 柄

●**付箋を貼った4社の株価チャート**

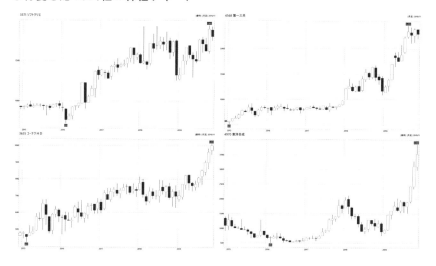

四季報速読Watch2021年秋号ページ

https://kabubiz.com/shikiho/ranking.php?d=202109

●**2021年秋号の付箋リスト67社**（太字は新規付箋銘柄）

○ 1407　ウエストHD（連続）　　○ 4063　信越化（連続）　　△ 6758　ソニーG（連続）
○ 2130　メンバーズ（連続）　　△ 4185　JSR　　　　　　　× 6797　名古屋電（連続）
○ 2150　ケアネット（連続）　　○ 4187　大有機　　　　　　○ 6861　キーエンス
○ 2384　SBSHD（連続）　　　○ **4251　恵和**　New　　　○ 6920　レーザーテク（連続）
○ 2412　ベネ・ワン　　　　　○ 4307　野村総研（連続）　　○ 6951　日電子（連続）
○ 2413　エムスリー（連続）　　○ 4327　日本SHL（連続）　○ **6966　三井ハイテク**　New
○ 2760　東エレデバ（連続）　　△ **4431　スマレジ**　New　○ 6967　新光電工（連続）
○ 2929　ファーマF（連続）　　○ 4812　ISID（連続）　　　○ 7033　MSOL（連続）
○ 2980　SREHD（連続）　　　× 4816　東映アニメ（連続）　○ **7228　デイトナ**　New
○ **3028　アルペン**　New　　○ 4880　セルソース（連続）　○ 7508　GセブンHD（連続）
○ 3038　神戸物産（連続）　　　○ **4901　富士フイルム**　New　○ 7741　HOYA（連続）
○ 3150　グリムス　　　　　　○ 4934　Pアンチエイ（連続）　○ 7780　メニコン（連続）
○ 3377　バイク王（連続）　　　○ 4970　東洋合成（連続）　　○ **7816　スノーピーク**　New
○ 3563　F&LC（連続）　　　○ **4980　デクセリ**　New　○ 7839　SHOEI
○ 3626　TIS　　　　　　　　△ **5805　昭電線HD**　New　○ 8035　東エレク
△ 3635　コーテクHD（連続）　○ 6036　KeePer　　　　　○ **9101　郵船**　New
○ 3697　SHIFT　　　　　　○ 6254　野村マイクロ（連続）　○ **9104　商船三井**　New
○ 3774　IIJ（連続）　　　　○ 6323　ローツェ（連続）　　　○ **9107　川崎汽**　New
○ 3798　ULSグルプ　　　　○ 6328　荏原実業（連続）　　　○ 9143　SGHD
○ 3856　Aバランス（連続）　　○ 6532　ベイカレント（連続）　○ 9468　カドカワ（連続）
○ 3922　PRTIME　　　　　○ 6544　Jエレベータ（連続）　○ 9519　レノバ
△ 3994　マネフォ　　　　　　○ 6564　ミダックHD（連続）
○ 4062　イビデン（連続）　　　○ 6702　富士通（連続）

■**前号からの連続付箋銘柄：40銘柄**（連続付箋率59.7%）

　今号での新規付箋銘柄：12銘柄（新規付箋率17.9%）

　2021年秋号は、コロナ第5波が収束し、4回目の緊急事態宣言が段階的に解除されていくタイミングで発売されました。

　日本国内では、新たな変異株となるデルタ株が流行し始めました。この変異株は、感染力こそ強力になったものの、弱毒化している傾向があり、政府は緊急事態宣言を発令せず、まん延防止措置による対策へと移行しました。

　国内政治では、東京オリンピックを終えた菅首相が支持率の低迷から次期総裁選への出馬を断念し、1年で首相が交代することになり、岸田

文雄氏が新首相になりました。

　そして、10月に行われた衆院選では自民党が圧勝し、絶対安定多数を確保しました。

　海外でもコロナ禍からの回復で景気が過熱する傾向にあり、原油先物価格が70ドルを突破してコロナショック前の水準を上回るなど、物価上昇やインフレ傾向が現れ始めました。

◆前号の付箋との比較

　2021年秋号は、日経平均株価が9月に30,795円のコロナショック後高値を付けた時期に発売されましたが、株価はその後、インフレへの警戒（金融緩和の見直し懸念）から少しずつ下落傾向になっていきます。

　付箋数は61枚→67枚と前号から微増。前号に続いて、はっしゃん自身が評価基準を厳しめにしています。

　市場別では、東証プライムが80.6％とかなり高い水準。東証スタンダード11.9％、東証グロース6％となり、新興市場よりも東証プライムなど大型株が優位な相場になってきました。

　業種別では、ここまで強かった情報通信が17.9％とトップ維持ながら数字を落とし、2位には、電機とサービス業が14.9％で並び、4位には化学が11.9％で浮上してきました。

　化学セクターは、信越化学、JSR、東洋合成、デクセリアルズなど半導体や電子部品関連の素材関連が好業績を期待され、買われました。

● 本号で付箋をした化学セクター銘柄

〈4063〉 信越化 （半導体シリコンウェア）

〈4185〉 JSR （半導体用レジスト）

〈4187〉 大有機 （電子材料）

〈4251〉 恵和 （液晶ディスプレイ用フィルム）

〈4901〉富士フイルム（アビガンがコロナ治療薬として注目）

〈4934〉Pアンチエイ（化粧品）

〈4970〉東洋合成（半導体用フォトレジスト）

〈4980〉デクセリ（電子材料・化学材料部品）

　業績チェックの評価は○が86.6％と非常に高い水準。前号に続いて連続付箋をした銘柄は59.7％と付箋を絞ったこともあり、前号から低下しました。

　今号で初めて付箋をした新規付箋銘柄は17.9％で、前号から回復したものの低水準が続いており、同じ銘柄が上昇し続けていることが分かります。

◆付箋株その後の状況

　本号では、日本郵船〈9101〉、商船三井〈9104〉、川崎汽船〈9107〉の海運大手3社に初めて付箋を貼っています。

　海運各社は、コンテナ船の運航会社を共同出資で運営しており、景気過熱やコロナウイルスの感染再拡大による需給の逼迫からバルチック海運指数が急騰したことにより、業績拡大を期待した買いが株価を押し上げたようです。

　日本郵船の株価は、付箋をした9月に高値を付けた後、年明け3月に切り返して最高値を付け、その後は調整に入りました。

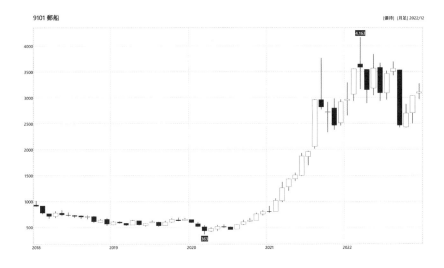

9101 郵船   [優待] [月足] 2022/12

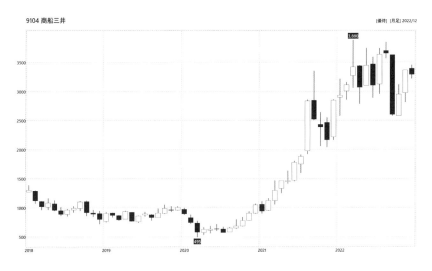

9104 商船三井   [優待] [月足] 2022/12

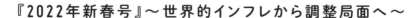

『2022年新春号』～世界的インフレから調整局面へ～

●業種別の分類

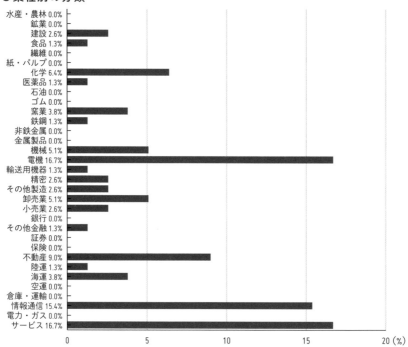

業種	割合
水産・農林	0.0%
鉱業	0.0%
建設	2.6%
食品	1.3%
繊維	0.0%
紙・パルプ	0.0%
化学	6.4%
医薬品	1.3%
石油	0.0%
ゴム	0.0%
窯業	3.8%
鉄鋼	1.3%
非鉄金属	0.0%
金属製品	0.0%
機械	5.1%
電機	16.7%
輸送用機器	1.3%
精密	2.6%
その他製造	2.6%
卸売業	5.1%
小売業	2.6%
銀行	0.0%
その他金融	1.3%
証券	0.0%
保険	0.0%
不動産	9.0%
陸運	1.3%
海運	3.8%
空運	0.0%
倉庫・運輸	0.0%
情報通信	15.4%
電力・ガス	0.0%
サービス	16.7%

●市場別の分類　●直近上場の分類　●業績チェックの結果

市場別の分類：東証G 5 (6.4%)、東証S 10 (12.8%)、東証P 63 (80.8%)

直近上場の分類：上場3年未満 8 (10.3%)、上場3年以上 70 (89.7%)

業績チェックの結果：△10 (12.8%)、○68 (87.2%)

●2022年新春号の付箋リスト78社

前号からの連続付箋銘柄（44銘柄）の連続付箋率 56.4%

今号での新規付箋銘柄（21銘柄）の新規付箋率 26.9%

●2022年新春号の付箋株のその後（2023年1月末時点）

最大時2倍株以上	2銘柄
最大時10倍株以上	0銘柄

●付箋を貼った4社の株価チャート

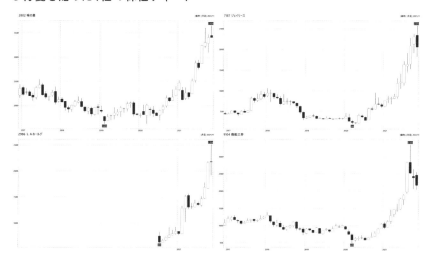

 四季報速読Watch2022年新春号ページ

https://kabubiz.com/shikiho/ranking.php?d=202112

●2022年新春号の付箋リスト78社（太字は新規付箋銘柄）

○	1407	ウエストHD（連続）	○	4026	**神島化** New	△	6758	ソニーG（連続）
△	1787	ナカボテック	△	4062	イビデン（連続）	○	6857	アドテスト
○	2127	日本M&A	△	4185	JSR（連続）	○	6861	キーエンス（連続）
○	2158	**フロンテオ** New	○	4251	恵和（連続）	○	6890	**フェローテク** New
○	2384	SBSHD（連続）	○	4307	野村総研（連続）	○	6920	レーザーテク（連続）
○	2412	ベネ・ワン（連続）	△	4326	**インテージH** New	○	6951	日電子（連続）
○	2471	エスプール	△	4443	Sansan	○	6962	**大真空** New
○	2737	トーメンデバ	△	4816	東映アニメ（連続）	○	6966	三井ハイテク（連続）
○	2760	東エレデバ（連続）	○	4880	セルソース（連続）	○	6967	新光電工（連続）
○	2802	**味の素** New	○	4901	富士フイルム（連続）	○	7033	MSOL（連続）
○	2980	SREHD（連続）	○	4970	東洋合成（連続）	○	7071	アンビスHD
○	2986	**LAホールデ** New	○	4980	デクセリ（連続）	○	7079	**WDBココ** New
○	3038	神戸物産（連続）	○	5217	テクノクオツ	○	7095	**マクビープラ** New
○	3150	グリムス（連続）	○	5384	**フジミインコ** New	○	7187	**ジェイリース** New
○	3288	**オープンH** New	○	5698	**エンビプロ** New	○	7228	デイトナ（連続）
○	3294	**イーグランド** New	○	6036	KeePer（連続）	○	7741	HOYA
○	3397	**トリドール** New	○	6098	リクルート	○	7780	メニコン（連続）
○	3465	**ケイアイ不** New	○	6254	野村マイクロ（連続）	○	7816	スノーピーク（連続）
○	3467	**アグレ都市** New	○	6273	SMC	○	7839	SHOEI（連続）
○	3563	F&LC（連続）	○	6323	ローツェ（連続）	○	8035	東エレク（連続）
△	3632	**グリー** New	○	6490	**ピラー** New	○	8919	カチタス
△	3635	コーテクHD	○	6532	ベイカレント（連続）	○	9101	郵船（連続）
○	3697	SHIFT（連続）	○	6533	オーケストラ	○	9104	商船三井（連続）
○	3774	IIJ（連続）	○	6564	ミダックHD（連続）	○	9107	川崎汽（連続）
△	3923	ラクス	○	6616	**TOREX** New	○	9418	**USENHD** New
△	3994	マネフォ（連続）	○	6702	富士通（連続）	○	9468	カドカワ（連続）

■前号からの連続付箋銘柄：44銘柄（連続付箋率56.4%）

　今号での新規付箋銘柄：21銘柄（新規付箋率26.9%）

　2022新春号は、コロナウイルス第5波が収束に向かい、世界的に経済活動が活発化してきた中、発売されました。

　経済活動の再開で、原材料価格やエネルギー価格、人件費などが上昇し、世界的にインフレが進行しました。米国ではインフレへの懸念を受けて、金融緩和を続けていたFRB（連邦準備制度理事会）が11月に量的緩和の縮小（テーパリング）を決定し、金融施策が事実上転換されました。

コロナ禍：金融緩和により、株価を支え、景気を回復させる
↓
コロナ後：金融引き締め策により株価を抑えインフレを抑制する

　金融施策の転換を受けて、コロナ禍で上昇し続けていた株価は、調整局面に突入し、特にハイテク株や新興企業の多い米国ナスダック指数は2021年10月の高値から40％も急落しました。

　また、2021年末にはロシアとウクライナの関係が急速に悪化しました。原因は隣国ロシアへの懸念からNATO（北大西洋条約機構）加盟を望んだウクライナに対し、ロシアが強硬に反対したことにあります。

　ロシアは年末にかけてウクライナ国境付近に軍事演習と称して軍を展開し、2022年2月24日に侵攻を開始。ロシア・ウクライナ戦争が始まることになります。

◆前号の付箋との比較

　2022年新春号は、日経平均株価が3万円台を割れたものの高値圏にある中、発売されました。

●10月でピークを打ち12月から下落トレンドに転換した米国ナスダック指数のチャート

付箋数は67枚→78枚と前号からは増加しましたが、前号、前々号に続いて、はっしゃんの評価基準は厳しめにしています。市場別では、東証プライムが80.8％と高水準が続き、東証スタンダード12.8％、東証グロース6.4％となり、金融施策の変更もあって小型株よりも大型優良株が優位な相場になってきました。

　業種別では、1位タイに電機とサービスが16.7％で並び、ここまでトップを維持してきた情報通信が15.4％と3位に転落しました。情報通信は、小型株や新興市場の銘柄が多いことも影響したことでしょう。

　ちなみに、3位に転落した情報通信で付箋をした銘柄は東映アニメーションを除いて東証プライム銘柄になりました。システムインテグレーション（SI）が中心だった2020年春号から顔ぶれが違ってきていることが分かります。

〈3632〉グリー（ゲーム）

〈3635〉コーテク HD（ゲーム）

〈3697〉SHIFT（ソフトテスト）

〈3774〉IIJ（ネット接続）

〈3923〉ラクス（経理クラウド）

〈3994〉マネフォ（家計簿クラウド）

〈4307〉野村総研（システムインテグレーション）

〈4326〉インテージ H（マーケティング）

〈4443〉Sansan（名刺クラウド）

〈4816〉東映アニメ（アニメ）

〈9418〉USEN HD（音楽動画配信）

〈9468〉カドカワ（出版、コンテンツ）

また、今号では不動産セクターが9%で4位に入りました。付箋をした不動産株を見ると、戸建て住宅を中心とした銘柄が人気化したことが分かります。新型コロナショックのパラダイムシフトの結果、マンションや商業地が不振だったのに比べて、テレワークなどによって住宅需要が高まったことが背景にあるといえそうです。

　ただし、多くの不動産株はこの付箋あたりをピークに調整局面に入りました。

〈2980〉 SREHD（取引アルゴリズム）
〈2986〉 LAホールデ（新築・再生不動産）
〈3288〉 オープンH（戸建て住宅）
〈3294〉 イーグランド（マンション・戸建て）
〈3465〉 ケイアイ不（分譲住宅）
〈3467〉 アグレ都市（戸建て住宅）
〈8919〉 カチタス（中古住宅）

業績チェックの評価は○が87.2％と高水準。前号に続いて連続付箋を
した銘柄は56.4％と前号から低下しました。

　今号で初めて付箋をした新規付箋銘柄は26.9％で、業界トレンドが変
わったことなどもあり、新しい銘柄が増えました。

◆付箋株その後の状況
　今号で初めて付箋をした銘柄にマクビープラネット〈7095〉があり
ます。WEB広告のデータ分析や管理システムを提供する会社でデジタ
ルトランスフォーメーション（DX）で急成長してきたタイプです。

　株価は四季報発売月の12月から急落しましたが、好業績が続いたこ
ともあり、その後は切り返す展開になりました。

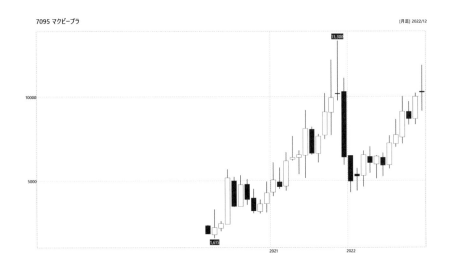

　同じく今号で初めて付箋した銘柄に味の素〈2802〉があります。う
まみ調味料の国内最大手として知名度も高い同社ですが、海外にも進出
し、海外売上の割合が60％近い割合になっているのも特徴です。

2802 味の素 [優待] [月足] 2022/12

　第2章でも触れたように、日本は人口減少社会になっており、国内市場だけで企業が持続的に成長するのには限界があります。

　味の素のように、海外に目を向けた企業が評価されるのは、今後も変わらない流れだと思われます。

『2022年春号』〜ロシアのウクライナ侵攻により 新たな投資局面へとシフト〜

●業種別の分類

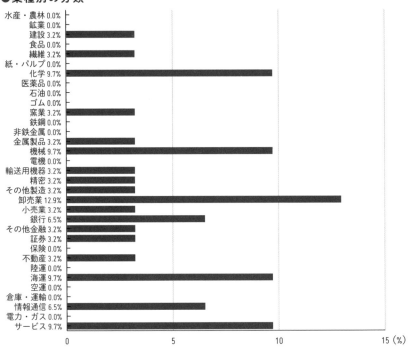

業種	%
水産・農林	0.0%
鉱業	0.0%
建設	3.2%
食品	0.0%
繊維	3.2%
紙・パルプ	0.0%
化学	9.7%
医薬品	0.0%
石油	0.0%
ゴム	0.0%
窯業	3.2%
鉄鋼	0.0%
非鉄金属	0.0%
金属製品	3.2%
機械	9.7%
電機	0.0%
輸送用機器	3.2%
精密	3.2%
その他製造	3.2%
卸売業	12.9%
小売業	3.2%
銀行	6.5%
その他金融	3.2%
証券	3.2%
保険	0.0%
不動産	3.2%
陸運	0.0%
海運	9.7%
空運	0.0%
倉庫・運輸	0.0%
情報通信	6.5%
電力・ガス	0.0%
サービス	9.7%

●市場別の分類　●直近上場の分類　●業績チェックの結果

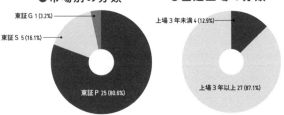

東証 G 1 (3.2%)
東証 S 5 (16.1%)
東証 P 25 (80.6%)

上場 3 年未満 4 (12.9%)
上場 3 年以上 27 (87.1%)

× 1 (3.2%)
△ 10 (32.3%)
○ 20 (64.5%)

●2022年春号の付箋リスト31社

　前号からの連続付箋銘柄（11銘柄）の連続付箋率 35.4%

　今号での新規付箋銘柄（15銘柄）の新規付箋率 48.3%

●2022年春号の付箋株のその後（2023年1月末時点）

最大時2倍株以上	0銘柄
最大時10倍株以上	0銘柄

●付箋を貼った4社の株価チャート

 四季報速読Watch2022年春号ページ

https://kabubiz.com/shikiho/ranking.php?d=2022003

●**2022年春号の付箋リスト31社**（太字は新規付箋銘柄）

△ 1820	西松建 New	○ 4975	JCU
○ 2471	エスプール （連続）	○ 4980	デクセリ （連続）
○ 2986	LAホールデ （連続）	○ 5217	テクノクオツ （連続）
× 3001	片倉 New	△ 6236	NCHD New
○ 3038	神戸物産 （連続）	○ 6323	ローツェ （連続）
○ 3186	**ネクステージ** New	○ 6361	**荏原** New
○ 3431	**宮地エンジ** New	○ 7199	**プレミアG** New
△ 3632	グリー （連続）	○ 7203	**トヨタ** New
○ 4326	インテージH （連続）	△ 7338	**インヴァスト** New
○ 4401	**ADEKA** New	○ 7380	**十六FG** New
△ 4661	OLC	○ 7381	**北国FHD** New

○ 7433	伯東 New
△ 7565	**万世電機** New
○ 7733	オリンパス
○ 7832	バンナムHD
△ 8001	伊藤忠
△ 9101	郵船 （連続）
△ 9104	商船三井 （連続）
△ 9107	川崎汽 （連続）
○ 9728	**日本管財** New

■前号からの連続付箋銘柄：11銘柄（連続付箋率35.4%）

今号での新規付箋銘柄：15銘柄（新規付箋率48.3%）

　2022年春号は、新型コロナの新たな変異株としてオミクロン株が登場し、感染者が急増している状況（第6波）で発売されました。

　オミクロン株は重症化率こそ低い変異株だったものの、感染力が非常に強力だったため、医療機関に感染者が殺到し、地域によっては救急車を呼んでも病院に運んでもらえない医療崩壊の状態となりました。

　2月は、中国で北京冬季オリンピックが開催され、日本は過去最多のメダルを獲得しましたが、オリンピック終了後まもなく、ロシアがウクライナへの侵攻を開始しました。

　ロシアの侵攻によってウクライナでは、民間人を含め多数の犠牲者が出るなど、国際社会に大きな衝撃を与えましたが、国連は、拒否権を持つ常任理事国ロシアを相手に有効な策を出せず、ウクライナ南東部の多くがロシア軍に占領される事態となりました。

　エネルギーや食料の輸出大国でもあるロシア、ウクライナ間で起こった戦争は、コロナ禍からの回復局面でインフレ傾向であった原材料価格やエネルギー価格に大きな影響を与え、原油先物価格は一時120ドルを

突破。さらなるインフレや途上国の食料不足問題などを引き起こし、世界経済に多大な影響を与えました。

　また、テーパリング（金融緩和の縮小）を進めていた米国では、2022年3月のFOMC（Federal Open Market Committee：連邦公開市場委員会）で政策金利をコロナ禍の0％〜0.25％から0.25％〜0.5％へと引き上げ、金融緩和から金融引き締めにシフトしました。

●**米国の政策金利と金融施策**

高金利：2.5％以上　　↓金融緩和　　↑金融引き締め
中　立：2.5％　　　　↓金融緩和　　↑金融引き締め
低金利：2.5％未満　　↓金融緩和　　↑金融引き締め

※政策金利は、景気動向から決定されるため、目的が達成されるまで金融緩和や金融引き締めが続く傾向になる。

●**原油先物価格のチャート**

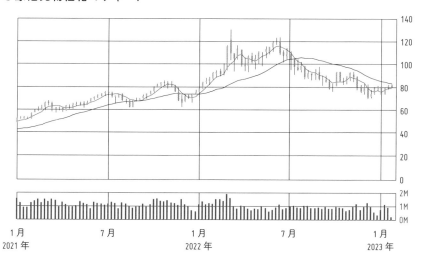

米国が金融引き締めに転換したことから、ゼロ金利が続く日本と米国の金利差が大きくなり、その後、急激な円安ドル高が進行することになりました。

◆前号の付箋との比較

2022年春号は、ロシアのウクライナ侵攻というパラダイムシフトの直後に発売されました。これは、2020年春号が新型コロナショック直後に発売されたのと似ています。

日経平均株価も年初から3月中旬にかけて29,000円台から25,000円割れへ急落しました。

このようなケースでは、四季報にロシアのウクライナ侵攻後のパラダイムシフト（円安加速やインフレ進行など）が十分に織り込まれていませんので、注意する必要があります。

付箋数は78枚→31枚と前号から激減しました。市場別では、東証プライムが80.6％と高水準で、東証スタンダード16.1％、東証グロース

3.2％となり、特に新興市場であるグロース株が少なくなりました。

　業種別では、卸売業が1位となり、2位タイに化学と機械、海運、サービス業が並ぶ、これまでと全く違う構成になりました。付箋数が少なかったこともありますが、コロナ禍の相場で人気のあった情報通信の付箋はわずか2社で、6.5％にとどまりました。

　四季報を長く読んでいると、このように全く傾向が変わる節目が出てくるものですが、今回の『2022年春号』がまさにそれといえるでしょう。

　1位となった卸売業の4社は次の通りです。2019年から常連の神戸物産を除くと、円安メリット株でもある商社が入ってきています。

〈3038〉神戸物産（業務スーパー）
〈7433〉伯東（半導体商社）
〈7565〉萬世電機（三菱電機系の商社）
〈8001〉伊藤忠（総合商社）

　業績チェックの評価は○が87.2％→64.5％と大幅減。前号に続いて連続付箋をした銘柄は56.4％→35.4％と大幅に低下しました。
　一方で初めて付箋をした新規付箋銘柄は26.9％→48.3％と増加し、業界トレンドが変わって、新しい銘柄がさらに増えました。

◆付箋株その後の状況
　今号で初めて付箋をした銘柄にトヨタ自動車〈7203〉があります。トヨタは、2021年9月に1:5の株式分割を実施して株価を買いやすいように配慮したほか、同年12月にはEV新戦略を発表し、EVへのシフトを宣言しました。

株価は上昇を続けていましたが、後にインフレの影響で下方修正を発表すると株価は下落に転じました。

7203 トヨタ　　　　　　　　　　　　　　　　　　　　　　　[月足] 2022/12

同じく、今号ではじめて付箋をした銘柄に伯東〈7433〉があります。同社は、半導体や機械の専門商社で2021年から業績が急回復し、2022年はさらに伸張しました。

前にも書いたように、円安が進んだ2022年は商社の業績が拡大し、株価にも好影響があったことが特徴ですが、この傾向が持続可能かは、外部環境に左右される点には注意が必要です。

7433 伯東 　　　　　　　　　　　　　　　　　　　　　　　[月足] 2022/12

　伯東の強みは、車載用半導体で、特に中国を筆頭としたEV市場の拡大が強みとなりました。

　EV市場は、これから拡大が期待される有望市場ですが、EVに限らず、自動車の電装化が進んでいることで、車載用半導体の需要は急拡大しています。

　業績と株価は、2022年度3月期が初動になります。ここから持続的に成長していくかどうか注目銘柄の1つと言えます。

『2022年夏号』
～史上例を見ない円安の影響が……～

●業種別の分類

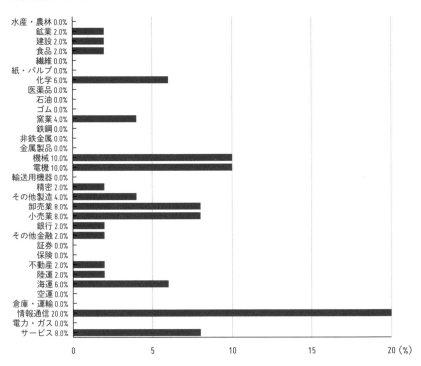

業種	%
水産・農林	0.0%
鉱業	2.0%
建設	2.0%
食品	2.0%
繊維	0.0%
紙・パルプ	0.0%
化学	6.0%
医薬品	0.0%
石油	0.0%
ゴム	0.0%
窯業	4.0%
鉄鋼	0.0%
非鉄金属	0.0%
金属製品	0.0%
機械	10.0%
電機	10.0%
輸送用機器	0.0%
精密	2.0%
その他製造	4.0%
卸売業	8.0%
小売業	8.0%
銀行	2.0%
その他金融	2.0%
証券	0.0%
保険	0.0%
不動産	2.0%
陸運	2.0%
海運	6.0%
空運	0.0%
倉庫・運輸	0.0%
情報通信	20.0%
電力・ガス	0.0%
サービス	8.0%

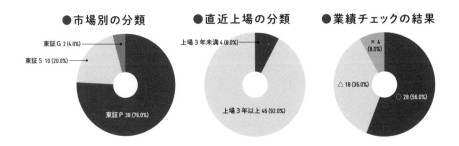

●市場別の分類
東証G 2 (4.0%)
東証S 10 (20.0%)
東証P 38 (76.0%)

●直近上場の分類
上場3年未満 4 (8.0%)
上場3年以上 46 (92.0%)

●業績チェックの結果
× 4 (8.0%)
△ 18 (36.0%)
○ 28 (56.0%)

●2022年夏号の付箋リスト50社

　前号からの連続付箋銘柄（15銘柄）の連続付箋率 30.0%

　今号での新規付箋銘柄（18銘柄）の新規付箋率 36.0%

●2022年夏号の付箋株のその後（2023年1月末時点）

最大時2倍株以上	2銘柄
最大時10倍株以上	0銘柄

●付箋を貼った4社の株価チャート

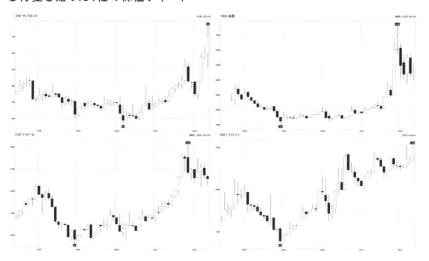

 四季報速読Watch2022年夏号ページ

https://kabubiz.com/shikiho/ranking.php?d=202206

●2022年夏号の付箋リスト50社（太字は新規付箋銘柄）

× 1518 三井松島HD New	○ 5344 MARUWA New	× 7596 魚力 New
△ 1890 東洋建 New	× 5357 ヨータイ New	○ 7733 オリンパス（連続）
○ 2003 日東富士	○ 6236 NCHD（連続）	○ 7808 CSランバー New
○ 2471 エスプール（連続）	○ 6254 野村マイクロ	○ 7809 寿屋
△ 2986 LAホールデ（連続）	○ 6323 ローツェ（連続）	○ 8001 伊藤忠（連続）
○ 3187 サンワカンパ New	△ 6368 オルガノ	○ 8035 東エレク
○ 3397 トリドール	○ 6406 フジテック	△ 9086 日立物流 New
△ 3626 TIS	○ 6590 芝浦 New	△ 9101 郵船（連続）
× 3632 グリー（連続）	△ 6919 ケル New	△ 9104 商船三井（連続）
○ 3774 IIJ	○ 6966 三井ハイテク	△ 9107 川崎汽（連続）
○ 4185 JSR	○ 6967 新光電工	○ 9268 オプティマス New
△ 4661 OLC（連続）	○ 7033 MSOL	○ 9432 NTT New
○ 4746 東計電算 New	○ 7071 アンビスHD	○ 9433 KDDI New
○ 4812 ISID	△ 7128 フルマルHD New	○ 9468 カドカワ
△ 4828 ビーエンジ	○ 7199 プレミアG（連続）	○ 9697 カプコン
△ 4966 上村工 New	△ 7381 北国FHD（連続）	○ 9927 ワットマン New
○ 4980 デクセリ（連続）	△ 7433 伯東（連続）	

■ 前号からの連続付箋銘柄：15銘柄（連続付箋率30.0%）

　今号での新規付箋銘柄：18銘柄（新規付箋率36.0%）

　四季報2022年夏号は、新型コロナウイルスオミクロン株（第6波）が小康状態となった状況で発売されました。

　7月には外国人観光客の受け入れが再開されましたが、受け入れ上限や厳しい水際対策もあり、訪日外国人数は伸び悩みました。

　国内では、発売後の7月に参議院選挙が実施されましたが、その選挙応援演説中に安倍元首相が銃撃されて暗殺されるという衝撃的な事件が発生しました。選挙結果は、自民党の圧勝で終わりましたが、選挙後は安倍首相の暗殺の原因となった「旧統一教会」を巡る問題が明るみに出て、岸田内閣の支持率が低下する原因になりました。

　ロシアのウクライナ侵攻では、米国や欧州各国から武器援助などの支援を受けたウクライナが善戦して巻き返し、ロシアの苦戦が徐々に明ら

かになってきました。

　もっとも、ロシア・ウクライナ戦争の長期化でインフレはさらに進行し、米国では政策金利が段階的に引き上げられました。

　米国の金利引き上げの結果、ゼロ金利を続ける日本と米国の金利差は、ますます拡大し、ドル高円安が、さらに進行しました。

　コロナショック直後には100円台だったドル円相場は、2022年3月には120円台に乗せ、4月には20年ぶりに130円台を突破、その後150円台まで上昇しました。

　円安の結果、国内でも幅広い商品が値上げされ、消費者に大きな影響が出ました。

●ドル円の長期チャート

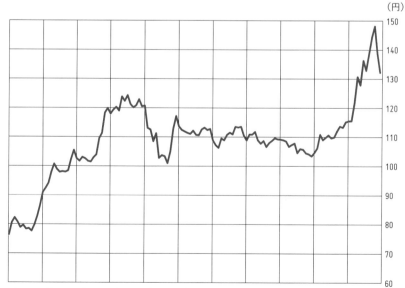

（円）

2012年　2013年　2014年　2015年　2016年　2017年　2018年　2019年　2020年　2021年　2022年　2023年

◆前号の付箋との比較

　2022年夏号は、ロシアのウクライナ侵攻や円安の影響で株価がじりじりと下げている局面にあたります。

　株価は上昇しづらい局面ではあるものの、足下の業績はむしろ好調で、戦争やインフレ、金利上昇から来期以降の業績懸念で買われにくいという逆金融相場の状況になっています。

　このような金融相場（逆金融相場）の局面では、足下の業績よりもインフレや金利上昇の原因となっている問題が解決するかどうかで局面が変わってきますので、注意しましょう。

　例えば、FOMCによる米国の政策金利の方向性、米国の消費者物価指数（CPI）によるインフレ過熱の度合いなどが株価に大きな影響を与えます。

●逆金融相場の状況

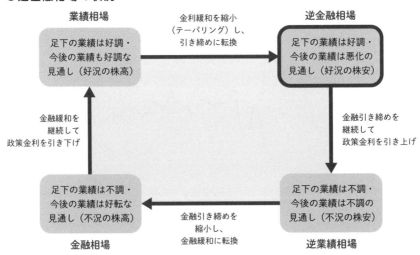

付箋数は31枚→50枚と侵攻直後だった前号からは増加しました。市場別では、東証プライムが76％と高水準を持続。東証スタンダード20％、東証グロース4％となり、引き続き、グロース株が少ない状況が続いています。

　業種別では、情報通信が1位に復帰し、2位タイに機械と電機、4位タイが卸売業、小売業、サービス業で続きました。

　業績チェックの評価は○が64.5％→56％とさらに低下。前号に続いて連続付箋をした銘柄は35.4％→30％と減少し、付箋対象の入れ替わりが続いています。

　一方で初めて付箋をした新規付箋銘柄は48.3％→36.0％と減少したものの、高めの傾向が続いています。

◆付箋株その後の状況

　今号で初めて付箋を貼った銘柄に三井松島HD〈1518〉があります。同社は石炭事業が主力で、化石エネルギーから再生可能エネルギーへのシフトの影響で不人気な銘柄でした。

　しかし、コロナ禍からの回復局面でエネルギー需要が高まってきたことに加えて、ロシア・ウクライナ戦争から、石油や天然ガスの価格がさらに上昇したことで、業績が好転し、さらなる拡大への期待が高まりました。

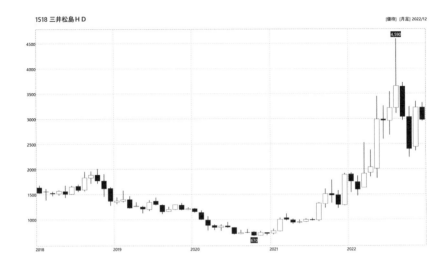

1518 三井松島ＨＤ　　　　　　　　　　　　　　　　　　　　　　　　　　[優待] [月足] 2022/12

　同様に、2021年頃からはじまったウッドショックの影響で株価が上昇してきた木材加工のＣＳランバー〈7808〉にも初めて付箋をしました。ウッドショックは、新型コロナウイルスの影響で世界的に建設用木材が不足していたところに、ロシア・ウクライナ戦争の影響でロシア木材の輸出が禁止されたことも影響しました。

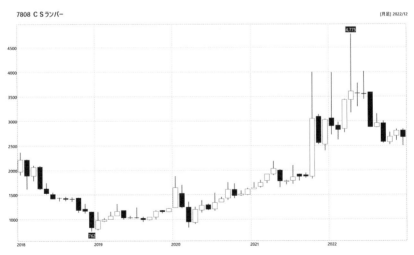

7808 ＣＳランバー　　　　　　　　　　　　　　　　　　　　　　　　　　　　[月足] 2022/12

一方、本号で付箋した銘柄には、四季報発売直後から大陰線を伴って大幅安になった銘柄もあります。それが、プロジェクトマネジメント関連のコンサルを手掛けるマネジメントソリューションズ〈7033〉です。

　2022年6月に、株価が1ヶ月で-54%もの大暴落になりました。ただし、その後は少しずつ上昇しています。市場期待が高すぎて「期待上げ」状態となり、超割高になった株価がいったん調整した形ですが、業績的そのものは好調が持続しているようです。

　興味がある方は、業績や次章で解説する理論株価を調べてみるとよいでしょう。

『2022年秋号』〜超円安と逆金融相場により 株価が乱高下する難しい局面へ〜

●業種別の分類

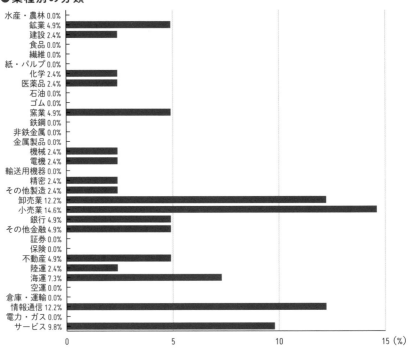

業種	割合
水産・農林	0.0%
鉱業	4.9%
建設	2.4%
食品	0.0%
繊維	0.0%
紙・パルプ	0.0%
化学	2.4%
医薬品	2.4%
石油	0.0%
ゴム	0.0%
窯業	4.9%
鉄鋼	0.0%
非鉄金属	0.0%
金属製品	0.0%
機械	2.4%
電機	2.4%
輸送用機器	0.0%
精密	2.4%
その他製造	2.4%
卸売業	12.2%
小売業	14.6%
銀行	4.9%
その他金融	4.9%
証券	0.0%
保険	0.0%
不動産	4.9%
陸運	2.4%
海運	7.3%
空運	0.0%
倉庫・運輸	0.0%
情報通信	12.2%
電力・ガス	0.0%
サービス	9.8%

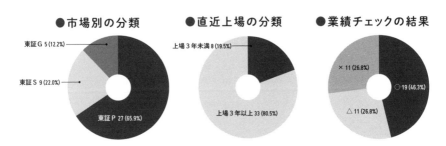

●市場別の分類

- 東証G 5 (12.2%)
- 東証S 9 (22.0%)
- 東証P 27 (65.9%)

●直近上場の分類

- 上場3年未満 8 (19.5%)
- 上場3年以上 33 (80.5%)

●業績チェックの結果

- × 11 (26.8%)
- ○ 19 (46.3%)
- △ 11 (26.8%)

● 2022年秋号の付箋リスト41社

　前号からの連続付箋銘柄（25銘柄）の連続付箋率 60.9%

　今号での新規付箋銘柄（13銘柄）の新規付箋率 31.7%

● 2022年秋号の付箋株のその後（2023年1月末時点）

最大時 2 倍株以上	1 銘柄
最大時 10 倍株以上	0 銘柄

● 付箋を貼った4社の株価チャート

 四季報速読Watch2022年秋号ページ

https://kabubiz.com/shikiho/ranking.php?d=202209

●2022年秋号の付箋リスト41社（太字は新規付箋銘柄）

△	1414	ショーボンド	△	5344	MARUWA（連続）
×	**1514**	**住石HD** New	×	5357	ヨータイ（連続）
×	1518	三井松島HD（連続）	○	**6338**	**タカトリ** New
○	**2395**	**新日本科学** New	△	6919	ケル（連続）
○	**2676**	**高千穂交易** New	○	7187	ジェイリース
○	2986	LAホールデ（連続）	○	7199	プレミアG（連続）
○	**2999**	**ホームポジ** New	△	7381	北国FHD（連続）
○	3187	サンワカンパ（連続）	△	**7384**	**プロクレHD** New
×	3397	トリドール（連続）	△	7433	伯東（連続）
△	3626	TIS（連続）	○	**7550**	**ゼンショHD** New
○	3774	IIJ（連続）	×	**7562**	**安楽亭** New
○	4746	東計電算（連続）	×	7596	魚力（連続）
○	**4890**	**坪田ラボ** New	○	7733	オリンパス（連続）
○	4980	デクセリ（連続）	○	7839	SHOEI

×	8001	伊藤忠（連続）
△	**8139**	**ナガホリ** New
×	9086	日立物流（連続）
×	9101	郵船（連続）
×	9104	商船三井（連続）
×	9107	川崎汽（連続）
○	**9229**	**サンウェルズ** New
○	**9248**	**人・夢・技術** New
△	9268	オプティマス（連続）
△	9432	NTT（連続）
△	9468	カドカワ（連続）
○	**9552**	**M&A総研** New
○	9927	ワットマン（連続）

■前号からの連続付箋銘柄：25銘柄（連続付箋率60.9％）

　今号での新規付箋銘柄：13銘柄（新規付箋率31.7％）

　2022年秋号は、新型コロナウイルスのオミクロン株が再流行（第7波）している状況で発売されました。もっとも、オミクロン株は弱毒性であり、リスク対象者が高齢者や基礎疾患者に限定されてきたため、分類をインフルエンザ相当に変更すべきという声が出てきました。

　10月からは、外国人観光客の受け入れの水際対策が大幅に緩和され、期待から観光関連の銘柄に買いが入ってきました。

　国内政治では、自民党と旧統一教会の関係や、大臣の相次ぐ更迭などから岸田首相の支持率が低迷を続けていました。

　ドル円相場では、円安が続く中、日銀が24年ぶりの「円買いドル売り」介入に踏み切りました。

　このように、為替相場が急激に変動した場合は、日銀が急激な変動を抑えるために為替介入に踏み切ることがあります。「円買いドル売り」介入は24年ぶりでしたが、リーマンショック後の超円高不況の時には、「円売りドル買い」介入したこともあります。

米国では、FRBがインフレ懸念から、段階的に利上げを実施し、2022年12月には4.0〜4.25%まで引き上げられました。コロナ禍では、0〜0.25%だった金利がわずか1年で4%引き上げられたことになります。

　その後は、米国のインフレにも沈静化のサインが出始めたことから、金融引き締めフェーズが終了するとの見通しも出始め、日米の株価が金利見通しで乱高下する局面が見られました。

◆前号の付箋との比較
　2022年秋号は、超円安と逆金融相場により、金利見通しで株価が乱高下する難しい局面で発売されました。

　付箋数は50枚→41枚と減少。市場別では、東証プライムが65.9%に低下し、東証スタンダード22%、東証グロース12.2%となり、グロース株に元気が戻ってきました。

●米国の政策金利チャート(目標レンジ上限基準)

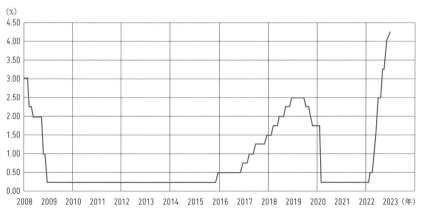

業種別では、小売業が1位を獲得し、2位タイに情報通信と卸売業が続きました。

付箋をした小売業を見ると、

〈3187〉サンワカンパ（建設設備EC）
〈3397〉トリドール（うどん店）
〈7550〉ゼンショHD（牛丼）
〈7562〉安楽亭（焼肉）
〈7596〉魚力（鮮魚・寿司）
〈9927〉ワットマン（リユース）

コロナ禍で苦戦していた飲食店のほか、インフレ局面で買われやすいリユース（中古販売）が入ってきているのが分かります。

また、同じ小売業が多く付箋された2020年秋号の時点では、食品スーパーやドラッグストアといったウィズコロナ銘柄が中心だったのが、今号ではアフターコロナ銘柄が中心となり、中身が全く違うことも分かります。

業績チェックの評価は○が56％→46.3％まで悪化し、先の見通しが悪いことが分かります。

前号に続いて連続付箋をした銘柄は30％→60.9％に倍増し、入れ替わりが続いてきた付箋対象が固定化し始めました。

初めて付箋をした新規付箋銘柄は36％→31.7％と減少しています。

◆付箋株その後の状況

今号で初めて付箋を貼った銘柄にゼンショーHD〈7550〉があります。国内で牛丼の「すき家」や「はま寿司」などを展開する外食最大手企業で、最近は海外にも進出しつつあります。

コロナ禍でもライバルの吉野家と比べて好業績を維持しており、コロナ収束後の業績拡大が期待されたようです。

『2023年新春号』
〜クールジャパンによる復活の兆し?〜

●業種別の分類

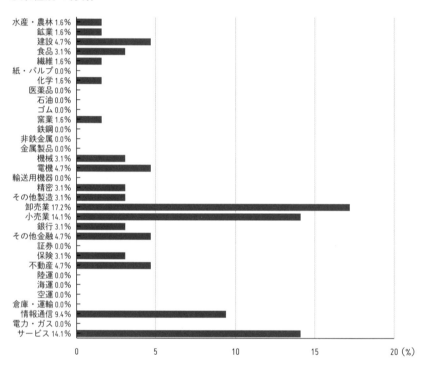

業種	%
水産・農林	1.6%
鉱業	1.6%
建設	4.7%
食品	3.1%
繊維	1.6%
紙・パルプ	0.0%
化学	1.6%
医薬品	0.0%
石油	0.0%
ゴム	0.0%
窯業	1.6%
鉄鋼	0.0%
非鉄金属	0.0%
金属製品	0.0%
機械	3.1%
電機	4.7%
輸送用機器	0.0%
精密	3.1%
その他製造	3.1%
卸売業	17.2%
小売業	14.1%
銀行	3.1%
その他金融	4.7%
証券	0.0%
保険	3.1%
不動産	4.7%
陸運	0.0%
海運	0.0%
空運	0.0%
倉庫・運輸	0.0%
情報通信	9.4%
電力・ガス	0.0%
サービス	14.1%

●市場別の分類

東証G 10 (15.6%)
東証S 18 (28.1%)
東証P 36 (56.3%)

●直近上場の分類

上場3年未満 15 (23.4%)
上場3年以上 49 (76.6%)

●業績チェックの結果

× 6 (9.4%)
○ 31 (48.4%)
△ 27 (42.2%)

●**2023年新春号の付箋リスト64社**

前号からの連続付箋銘柄（23銘柄）の連続付箋率35.9%

今号での新規付箋銘柄（29銘柄）の新規付箋率45.3%

●**2023年新春号の付箋株のその後**（2023年1月末時点）

最大時2倍株以上	0銘柄
最大時10倍株以上	0銘柄

●**付箋を貼った4社の株価チャート**

 四季報速読Watch2023年新春号ページ

https://kabubiz.com/shikiho/ranking.php?d=202212

●2023年新春号の付箋リスト64社（太字は新規付箋銘柄）

△ 1301	極洋 New	○ 4417	Gセキュリ New	× 7562	安楽亭 （連続）
△ 1414	ショーボンド （連続）	○ 4980	デクセリ （連続）	△ 7733	オリンパス （連続）
× 1662	石油資源 New	○ 5032	エニーカラー New	△ 7740	タムロン New
△ 1775	E＆C New	○ 5036	JBS New	△ 7809	寿屋
△ 1882	東亜道 New	○ 5128	ワオワールド New	△ 7839	SHOEI （連続）
○ 2157	コシダカHD New	△ 5344	MARUWA （連続）	× 8001	伊藤忠 （連続）
○ 2307	クロスキャット New	○ 6078	バリューHR	△ 8002	丸紅 New
△ 2395	新日本科学 （連続）	○ 6236	NCHD	△ 8029	ルックHD New
○ 2585	Lドリンク New	○ 6338	タカトリ （連続）	× 8031	三井物 New
△ 2674	ハードオフ New	○ 6526	ソシオネクス New	○ 8136	サンリオ New
△ 2676	高千穂交易 （連続）	○ 6590	芝浦	△ 8766	東京海上
△ 2767	円谷フィHD New	△ 6919	ケル （連続）	△ 9227	マイクロ波 New
△ 2780	コメ兵HD New	○ 7071	アンビスHD	○ 9229	サンウェルズ （連続）
△ 2802	味の素	○ 7187	ジェイリース （連続）	△ 9274	KPPGHD New
○ 2986	LAホールデ （連続）	○ 7199	プレミアG （連続）	△ 9432	NTT （連続）
○ 3186	ネクステージ	△ 7380	十六FG	○ 9552	M＆A総研 （連続）
○ 3187	サンワカンパ （連続）	○ 7386	Jワラン New	○ 9556	イントループ New
△ 3288	オープンH	○ 7388	FPパートナ New	△ 9827	リリカラ New
△ 3294	イーグランド	○ 7389	あいちFG New	○ 9927	ワットマン （連続）
○ 3397	トリドール （連続）	× 7433	伯東	△ 9955	ヨンキュウ New
○ 3774	IIJ （連続）	× 7480	スズデン New		
○ 3856	Aバランス	△ 7550	ゼンショHD （連続）		

■前号からの連続付箋銘柄：23銘柄（連続付箋率35.9%）

　今号での新規付箋銘柄：29銘柄（新規付箋率45.3%）

　2023年新春号は、サッカーW杯カタール大会で日本代表がドイツ、スペインという優勝経験国に逆転勝ちするなど大善戦し、決勝トーナメントでは3位になったクロアチアに惜しくもPK戦で敗れたものの、サッカーの話題で国内が盛り上がった時期に発売されました。

　その直後、国内の金融施策には大きな動きがありました。日銀が金融施策決定会合で、かつてはゼロ金利、2021年3月からは0.25%としていた長期金利の上限を0.5%へと引き上げました。これは、アベノミクスから続けてきた異次元緩和策の転換で、事実上の利上げになりました。後に日本経済の大きな転換点になるかもしれない出来事です。

●長期金利の変動容認幅の上限推移

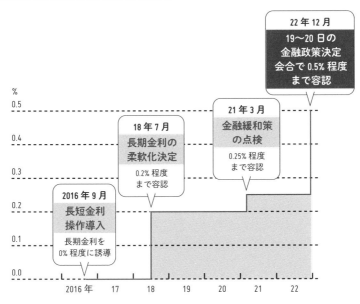

22 年 12 月
19〜20 日の
金融政策決定
会合で 0.5% 程度
まで容認

21 年 3 月
金融緩和策
の点検
0.25% 程度
まで容認

18 年 7 月
長期金利の
柔軟化決定
0.2% 程度
まで容認

2016 年 9 月
長短金利
操作導入
長期金利を
0% 程度に誘導

　利上げの結果、為替相場では、日米の金利差が縮小するとの見通しから一時は 150 円台を超える水準まで下落していた円が買い戻され、130 円台まで円高が進みました。

　株式市場では、金利の上昇で業績の改善が期待される銀行や保険などの金融株が上昇。円高進行を嫌気して輸出関連株が売られた反面、海外から商品を輸入する小売業が買い戻されるなど、物色動向が変化してきました。

◆前号の付箋との比較

　2023 年新春号での付箋数は 41 枚→64 枚に増加。市場別では、東証プライムが 56.3% まで低下し、2019 年夏号からの最低水準を更新しました。一方で東証スタンダードは 28.1% で過去 2 番目、東証グロースは

15.6％で過去最高となりました。

　円安から円高への揺り戻しがあったため、国債優良株の多い東証プライムから、国内企業の多い東証スタンダードや東証グロースへとシフトした傾向が見られます。

　同様に、上場3年未満のIPO銘柄の比率は23.4％となって前号から増加し、2019年夏号以来の高水準になりました。こちらも東証プライムから新興市場や小型株へのシフトに呼応した動きといえそうです。

　業種別では、卸売業が2022年3月以来の1位を獲得。小売業とサービス業が2位で続く一方で、情報通信が4位に後退しました。
　付箋をしたサービス業の内訳を見ると、医療や福祉関連企業が多めの傾向が続いています。

〈2157〉コシダカHD（カラオケ）
〈2395〉新日本科学（臨床試験）
〈5128〉ワオワールド（マーケティング）
〈6078〉バリューHR（健保・保険）
〈7071〉アンビスHD（終末ケア施設）
〈9227〉マイクロ波（省エネ製造技術）
〈9229〉サンウェルズ（パーキンソン病向け老人施設）
〈9552〉M＆A総研（M＆A仲介）
〈9556〉イントループ（人材派遣）

　業績チェックの評価は○が46.3％→48.4％で低水準が持続し、今後の見通しは依然として悲観的であることが分かります。前号に続いて連続付箋をした銘柄は60.9％→35.9％に大幅減となり、固定化していた付箋対象が大きく変わりました。

初めて付箋をした新規付箋銘柄は31.7%→45.3%と大幅に増加しました。

◆付箋株その後の状況

　今号で初めて付箋を付けた銘柄に円谷フィールズ〈2767〉、サンリオ〈8136〉があります。円谷フィールズは、「エヴァ」シリーズや「ウルトラマン」、サンリオは、「ハローキティ」シリーズを手掛ける知的財産（IP）事業が中心の企業です。

　ここまで見てきた3年半でも、東映アニメーション、KADOKAWA、バンダイナムコなどIP関連企業が買われるケースは多く、クールジャパンを代表する今後も注目されるセクターだと言えるでしょう。

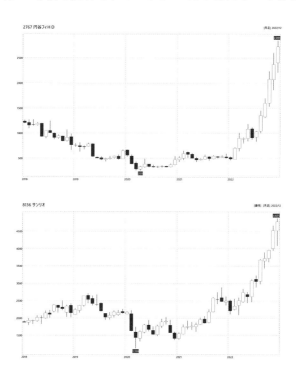

同じく、今号ではじめて付箋をした銘柄にパワー半導体向け精密切断加工機が主力のタカトリ<6338>があります。パワー半導体は、電力の供給や変換を行うタイプの半導体で、EV向けに市場が急拡大しています。

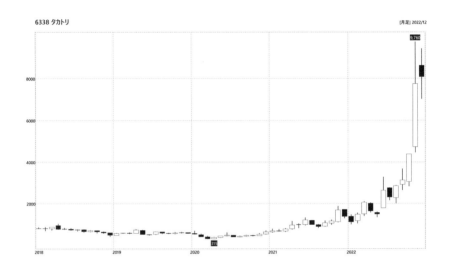

　タカトリは、2021年9月期に黒字転換した後、売上・利益ともに急成長して株価も急伸、現在も絶好調が続いています。現在、まだ成長の初動段階の位置ですが、持続的な成長につながるか注目の銘柄です。

●【株BizTV+】はっしゃん投資家Vtuberライブ
　四季報発売後、付箋をした銘柄がどのように推移していくのか、興味を持つ方も多いと思います。はっしゃんは、監修サイト【株Biz】の【株BizTV+】ライブ会場で決算ライブのほか、四季報付箋トークライブを開催しています。

決算ライブ：全銘柄の決算分析を決算発表当時にライブ分析
四季報トーク：四季報の発売直後のライブ分析
　　　　　　　および、付箋から1ヶ月後、3ヶ月後、1年後に検証
　　　　　　　ライブ

 参考：【株BizTV+】ライブ会場

https://kabubiz.com/tv/live.php

　四季報ライブでは、付箋した銘柄状況を次章で紹介する理論株価チャートを使いながら分析、決算ライブでは、決算発表当日に最新決算の即興分析を行います。興味がある方は、ぜひ覗いてみてください。

●ライブ画面より

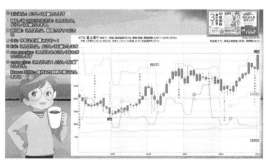

3年半の統計データで付箋を貼った銘柄を読み解く

　以上、四季報の各号の発売日を起点に3年半の間での市場や株価の推移を見てきました。この章の最後に今回紹介した統計推移データを添付しておきます。3年半を俯瞰する資料として参考にしてください。

❶ 付箋数および2倍株、10倍株の推移

　付箋数は、株価が上昇する局面で多くなり、株価が下落、停滞すると少なくなります。

　10倍株を発掘するには、なるべく株価が安い時期に買うこと。つまり、付箋が少ない時期に買うことも必要になります。

　2倍株、10倍株は、付箋から時間が経過するほど増えます。1年程度の保有では2倍株になる確率は低く、付箋をした銘柄を購入後、長く持ち続けることが重要だと分かります。

●付箋数および2倍株、10倍株の推移

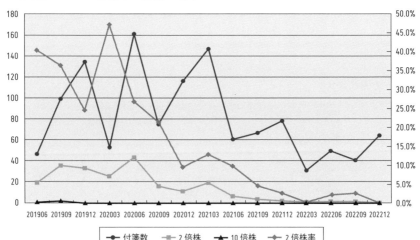

●同期間の日経平均株価チャート

❷ 市場別の推移

　東証プライムが常に多くなります。東証スタンダードが2番目。東証グロースは、多い局面と少ない局面の差が大きくなります（※本書の集計期間に東証の市場区分（東証1部→東証プライムなど）が変更になった影響があります）。

●付箋を貼った銘柄の市場別の推移

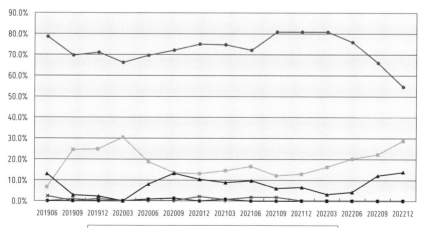

❸ 市場別の推移

　人気業種はある程度固定化されており、情報通信やサービス業が上位
にあります。それ以外の業種は、その時々の市場状況によって変動する
傾向があります。

　また、上位業種の比率も局面によって大きく変動します。

　例えば、2022年12月に日銀の異次元緩和が事実上終了したことから
銀行株が上昇を開始しています。これまで銀行株は人気圏外でしたが、
この動きが続くとすれば、いずれ銀行株が上位に入ってくる可能性があ
ります。

●付箋を貼った銘柄の業種別の推移

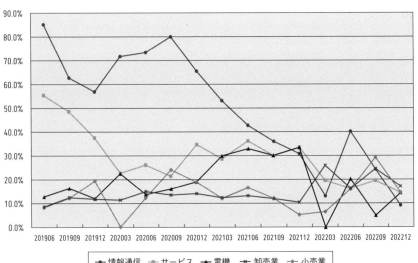

❹ 業績評価の割合

　上場3年未満のIPO株は、数自体が少ないので、割合は常に少なめで
すが、市場に活気が出てきた局面で増加します。

　IPO株が増えてきた局面では、チャンスがあるともいえるでしょう。

●付箋を貼った銘柄の上場年数別の推移

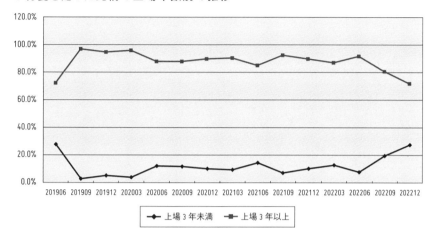

凡例: ◆ 上場3年未満　■ 上場3年以上

⑤ 上場3年未満の割合

　業績評価の割合は、現在が業績相場なのか金融相場なのかのヒントになります。

●金融相場と業績相場

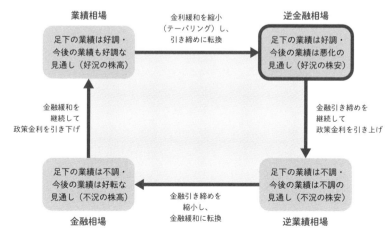

●付箋を貼った銘柄の評価数の推移

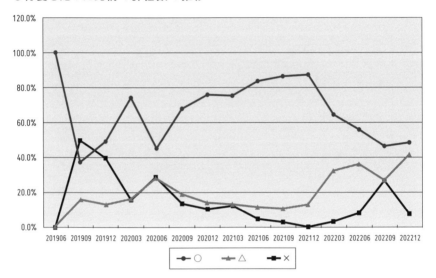

四季報速読3年半のまとめ

　さて、第4章では、3年半の四季報速読の内容を振り返りました。たったの3年半ですが、

- 新型コロナショックによる企業業績の急速な悪化
- 金融緩和による金利引き下げと株価の下支え
- コロナ禍から回復局面でのインフレとロシアのウクライナ侵攻
- 金融引き締めによるインフレの抑制と円安の進行

といった大きな出来事があり、この期間だけでも、

景気の悪化→景気の回復→景気の過熱→景気の抑制→景気の減速

　のワンサイクルと、それぞれの局面でどのような銘柄が動いたのか、外部環境がどう変化したのかを追体験することができました。

●景気サイクル図

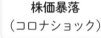

　このような景気サイクルは基本的には同じ流れで推移しますので、現在がどのような局面か把握しておくと、次はどのような銘柄が上がりやすいかも分かりやすくなるでしょう。

　そして、四季報を定期的に購入して全ページに目を通して付箋を貼り、その変化や傾向を整理・分析して、外部環境と照らし合わせてまとめることの有意性がお分かりいただけたのではないかと思います。

　株式市場が全く同じ局面になることはありません。本章の期間内は、コロナ禍やロシアのウクライナ侵攻に影響する銘柄が動きましたが、次は別のセクターが主役になり、動くことになるでしょう。

　また、本章のストーリーはここで終わりではありません。この先は、皆さん自身が四季報を読んで、続けていくことができます。

いかがでしたか？　ここまで学んだ内容で四季報3年半の追体験を通して定着するステップが完了しました。

　本章での疑似体験は、これから皆さんが株式市場と対峙する時、大いに参考になることでしょう。どうすべきか迷うことがあれば、本章をもう一度、読み返していただければ幸いです。

　そして、四季報をマイルストーンにしながら、皆さん自身の知識として蓄積・成長させていってください。

　次の第5章では、理論株価を使って付箋銘柄の企業価値や未来の成長余地を計算し、長期投資先を選定していくプロセスについて学習します。

　第4章が景気サイクルやパラダイムシフトといったマクロ的に「森を見る」アプローチであったのに対し、第5章は個別企業や同業他社比較を通して「よい木」を見定めるアプローチになります。

第5章

四季報速読
（ステップ3：理論株価編）

本章では、四季報に付箋をして選別した銘柄を売買判断する基準として、理論株価を使って企業価値を評価する方法を【ステップ3】理論株価編として解説します。

【ステップ1】　　　【ステップ2】　　　【ステップ3】
チャートで付箋 →　業績で選別 →　企業価値の評価 → 売買判断
　　　　　　　　　　　　　　　　　　→ 長期保有で10倍株

　ステップ1では、株価チャートが右肩上がりかどうか、ステップ2では、業績見通しが好調かどうかで投資候補を選別しました。
　ステップ3では、理論株価を使って株価が企業価値と比べて割安かどうか評価して、売買判断を行います。 そして、購入後も理論株価を基準価格として、成長が続く限り保有し続けて長期保有で10倍株を狙います。

「はっしゃん式 理論株価」とは？

　理論株価は、企業の財務指標や業績予測から計算した理論上の株価です。はっしゃんは企業価値の評価指標として、独自に「はっしゃん式理論株価」を開発して、投資判断の目安として活用しています。
　理論株価には、シンプルに「株価と比較できる」という特徴があります。そのため、専門的な金融知識なしで投資するための初心者向け評価指標として利用できます。
　はっしゃん式 理論株価は、はっしゃんが監修する株式サイト【株Biz】の「理論株価WEB」および「理論株価チャートRoom」で公開していて、無料で利用できるようになっています。

【株Biz】理論株価WEB最新の理論株価を公開するサイト

https://kabubiz.com/riron/

 【株Biz】理論株価チャートRoom過去5年分の決算と
理論株価チャートを公開するサイト

https://kabubiz.com/chart/

　参考までに、「理論株価WEB」や「理論株価チャートRoom」で理論株価を算出するまでの流れは、次図のようになっています。

　上場企業各社からリリースされるXBRLというデジタル形式の決算書データからプログラム（PythonやMySQL、HTML5など）を使って理論株価を算出して、見える化表示します。

決算書 XBRL データ

自動取得プログラム（Python）
企業価値評価モデル（Python）
見える化データベース（MySQL）
表示プログラム（HTML5）

シンプルな評価指標

理論株価	3,532
株価	2,030

本章では、「理論株価WEB」や「理論株価チャートRoom」を活用して、理論株価を簡易チェックする方法と、「理論株価電卓」「5年後株価計算ツール」を使って本格的に分析する2種類の評価方法を紹介します。

理論株価WEBで簡易チェック

　簡易チェック法は「理論株価WEB」を使う方法です。「理論株価WEB」では、全上場企業からリリースされる最新決算書から理論株価を計算して公開しています。

　決算内容は、決算発表当日の夕方から夜までの間にデータベースへ反映されるので、情報の鮮度という意味では、四季報よりも優れているといえるでしょう。

　理論株価をチェックするには、「理論株価WEB」サイトにアクセスし

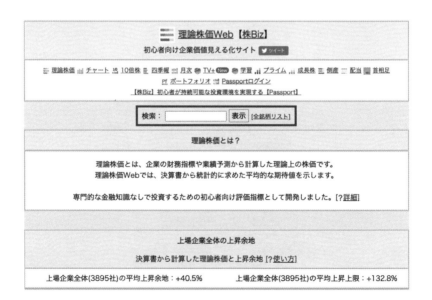

て、画面上の検索窓に銘柄コードを入力して「表示」ボタンをクリックします。すると、個別銘柄ページへ移動します。なお、銘柄コードは四季報に記載されていますので、覚えておくと便利です。

　銘柄コードを覚えていない場合には、検索窓の右サイドにある「全銘柄リスト」をクリックすると、すべての銘柄が一覧表示されるので、この全銘柄リストから選ぶ方法もあります。
　次図は、理論株価WEBでトヨタ〈7203〉のページを表示したところです。ページ左下グラフで理論株価を見える化しています。

理論株価Web - ＜コード順＞7000番台 - トヨタ＜7203＞

銘柄情報		評価指標	
＜7203＞　　トヨタ（3月決算）		理論株価	2,465　（2022/11/01更新）
市場　　東証プライム　（PRM大型）		上昇余地	+30.5%　（やや割安）
業種　　輸送用機器		収益評価	並収益型（事業価値46.0%）
投資難易度　A難度　（初心者歓迎）		配当格付	格付E（株主優待—）
流動目安　297,000株　（5億6103万円）		倒産確率	0.00%

理論株価（　資産価値＋事業価値）[?使い方]	
理論株価	2,465
上限株価	3,600
資産価値	1,331
上昇余地	+30.5%
上昇上限	+90.6%

理論株価チャート（5年）

「理論株価WEB」の個別銘柄ページでは、企業情報や理論株価の内訳（資産価値や事業価値）など、四季報とは異なる様々な投資情報も掲載されていますが、ここでは理論株価の「上昇余地」から投資判断する方法に絞って紹介します。

● 理論株価WEBで簡易チェック

上昇余地がプラス　：割安であり、購入候補です。時系列分析へと進みます

上昇余地がマイナス：割高であり、見送り推奨です

※簡易チェックは、四季報速読法の1、2ステップで選別されてきた右肩上がりの成長株候補に対してのみ有効です

　上昇余地がプラスの銘柄は、株価が割安で上昇余地があることを示しています。この段階では合格ですので、次の「理論株価チャートRoom」でさらに詳しく分析します。

　上昇余地がマイナスの場合、株価は割高なので見送り推奨です。ただし、これから株価が下がってきて理論株価を下回ることはありえますのでマイナス幅が小さい場合は、待ちスタンスで購入候補としても問題ありません。例外として、未来の企業価値を予測したうえで、たとえ現時点で割高であっても将来性を考えて買う選択肢もあります。この買い方はリスクを伴いますので、決算分析を含めた仮説検証をしっかり行うことが前提です。

　なお、より詳しい分析方法は「理論株価電卓」や「5年後株価計算ツール」の使い方で後述します。

理論株価チャートRoomで時系列分析

　「理論株価チャートRoom」では、過去5年（決算短信20ファイル分）の理論株価を見える化した理論株価チャートを使って時系列分析を行います。

　無料で閲覧できる理論株価チャートは、最新決算7銘柄とピックアッ

プ成長株の約50〜150社になりますが、四季報から付箋をして選別したものと重なる銘柄が多い（はっしゃん自身が四季報や好決算から選別した成長株候補です）ので、大いに参考になることと思います（全銘柄の理論株価チャートは、有料プラン〔株Biz〕パスポートとして提供しています）。

●トヨタ自動車の理論株価チャートサンプル

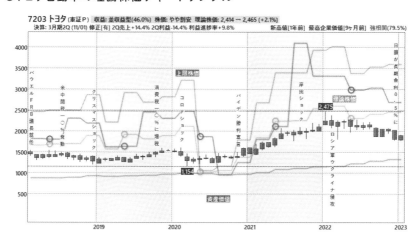

理論株価チャートの見方は次の通りです。

● 緑色線：資産価値のラインで解散価値を表します
● オレンジ線：決算書の会社予想から計算した理論株価で適正株価を表します
● 水色線：上限株価のラインで、この線を超えると超割高です
● 赤色線：先行指標となる四半期実績の理論株価です
● ○印：本決算発表のマークです

　色は実際の画面でご確認いただくとして、各ラインと割安・割高の関係は次の図のようになります。

●各ラインと割安・割高の関係

超割高
―――――――― ←上限株価ライン（割高）
やや割高
―――――――― ←理論株価（適正株価）
やや割安
―――――――― ←資産価値ライン（割安）
超割安

売買判断の目安は、

● 理論株価（オレンジ線）が右肩上がりで上昇している（5年前から段階的に成長してきている）

● 株価が理論株価よりも高すぎず、安すぎないこと（資産価値以上かつ上限株価未満が目安になります）

● 直近の株価が理論株価に連動して上昇傾向

● 先行指標ラインが理論株価よりも上であればなおよし

あたりを基準にするとよいでしょう。

　ところで、理論株価チャートで上の「理論株価が右肩上がりで上昇している」をチェックすることで、【ステップ2】相当の絞り込みを簡易的に行えます。慣れてくると【ステップ2】を飛ばして、【ステップ1】から【ステップ3】へ進むという時短法もあります。

　前チャートのトヨタに関しては、2022年1月までは条件に合致（厳密にはコロナショックの年が良くないですが、理由も明確で、例外として許容できる）しますが、ロシアのウクライナ侵攻があった2022年2月以降は、株価および理論株価が右肩上がりから調整局面に転じてしまったので、見送り推奨になるでしょう。

　理論株価チャートを確認するには、「理論株価チャートRoom」サイトにアクセスして、ページ中ほどにある「成長株Watchリスト」まで画面をスクロールします。

表示順を選べますが、後から変更できるので、四季報と同じ「コード順」を選んでクリックしましょう。

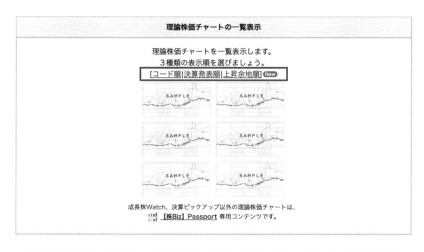

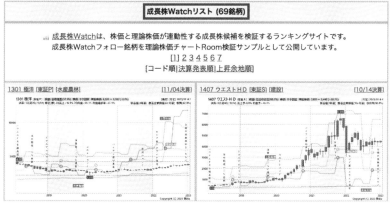

　「理論株価チャートRoom」の成長株Watchリストが一覧表示されます。ここでは、10銘柄ずつの理論株価チャートがコード順に一覧表示されていますので、画面上の「ページ切り替え」の番号をクリックして目的の銘柄を探しましょう。

表示順は、コード順のほか、決算発表順や上昇余地順に切り替えることもできます。

　一覧画面のチャートをクリックすると、個別銘柄ページに移動します。試しに先頭のウエストHD〈1407〉を選んでクリックしてみてください。ウエストHDの個別ページが開いて理論株価チャートと決算の推移が表示されます。なお、一覧表示の先頭銘柄は別の銘柄に変わっている可能性があります。

「理論株価チャートRoom」の個別銘柄ページでは、上段に理論株価チャートが大きなサイズで表示され、下段には四季報のように決算の推移が表示されています。

　これは、四季報と同様に、5年間の株価と理論株価、決算の推移を比較しやすくするための工夫です。

　ちなみに、ウエストHDは、四季報2020年夏号から、はっしゃんが合計7回付箋を貼った銘柄で、太陽光発電を全国展開している企業です。

　あまり有名な会社ではないかもしれませんが、リーマンショック後の安値を基準として、2022年12月現在まで上昇率が323.5倍、最大時の上昇率は533.9倍を記録している10倍株ランキング第1位の銘柄です。

　株価300倍ですから、仮に100万円を投資していたとしたら、3億円になる計算ですね。

 参考：【株Biz】10倍株CLUB

https://kabubiz.com/10bagger/

　ただし、2022年12月時点のウエストHDの理論株価チャート評価は、

- 株価が右肩上がりから下落に転じて調整中であること
- 株価が理論株価よりもやや割高な水準にあること
- 理論株価の伸びも一服して横ばいになっていること
- 今後の見通しが強気になるほどではないこと

から考えると、様子見という判断になるでしょう。

「理論株価チャートRoom」でチャートが見えない銘柄もありますが、その場合は「理論株価電卓」を使って理論株価を手動計算することがで

きます（後述します）。

　このようなステップで株価と理論株価が連動して右肩上がりの「割安成長株」を売買候補としてセレクトしていきます。

理論株価を使う理由

　ここまで、理論株価を使った売買判断について解説してきましたが、

● （理論株価に対する株価の）上昇余地がプラスかマイナスかを見る
● 理論株価チャートで株価と理論株価の連動性や方向性を見る

という方法は、初心者の方にとっても、それほど難しい内容ではなかったと思います。

　これは、「はっしゃん式理論株価」が初心者の利用を想定して開発されたものだからです。

　しかし、現実の株式投資では、日本の学校で学習していない「専門的な金融知識」が要求される点が多々あり、初心者が投資へと踏み込む壁になっています。

　この問題点を解消して「貯蓄から投資」への流れを推進するため、高校から「投資教育」が導入されることになったのは周知の通りです。

　本書でも、株式投資に必要な項目をいろいろ解説してきましたが、実際のところ、これらは必ずしも必要なわけではなく、前述のように割り切って理論株価だけ見ることでも株式投資は十分可能です。

　事実、はっしゃんは、ここ10年ほど、理論株価をメインに投資してきました。

理論株価には、割安か割高かという適正価格の目安として投資判断に利用するほかにも、もう1つ重要な役割があります。

●株式投資で必要になる専門用語や金融知識の例

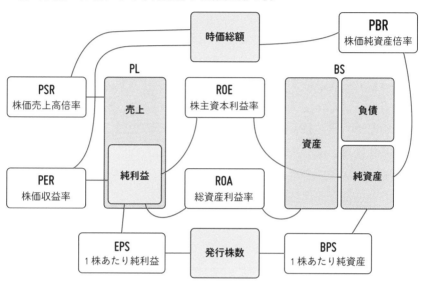

　理論株価のもう1つの役割は「基準価格」です。そして、理論株価を使うべき理由も明確です。皆さんが株式投資をするにあたって「目標あるいは基準となる株価」を決めてから投資すべきだからです。

　もちろん、「株価が上がりそうだから」「応援したい会社だから」というのが投資のきっかけであってかまいません。

　でも、皆さんが買い物する時、食品でも電化製品でも目安となる価格を基準に考えて買い物をすると思います。そして、目安よりも高いと思った場合には買わなかったり、代替商品に変更することもあるでしょう。

　株式投資も買い物と同じように、目安となる基準価格を持ったうえでかしこく買い物することが重要になります。

株価が高い場合は、欲しい銘柄であっても買うのは我慢する必要があります。また、安くなった時に思い切って買うことも重要です。

　でも、目安となる基準価格がないと投資をするかどうかの基準を持つことができません。

「適正な基準価格が分からない」

　これが初心者の皆さんに株式投資が難しい理由です。そして、**その目安となる役割を果たすのが理論株価です。**

　はっしゃんは、これまでの投資経験から、専門的な金融知識を深めるよりもシンプルな投資基準を持つこと。その基準を守り、規律を持って売買判断することの方が重要だと考えています。

　理論株価は、常に最新の決算書データで更新され、過去の推移を理論株価チャートで振り返ることも可能です。そして、投資家の皆さんの指針となる適正な基準価格を示し続けます。

　理論株価で専門用語や金融知識の壁を越えていきましょう。

理論株価の計算で使う3つの指標

　ここからは、理論株価を手動で計算する方法と計算で使う各種指標について解説します。

　これらは、先ほど述べた専門知識の範疇になりますので、不要と判断される方は、飛ばして先に進んでもらってもかまいません。株式投資や理論株価には、「習うより慣れろ」の側面がありますので、慣れることから始めるのも間違いではありません。

　とはいえ、理論株価の概念は、これらの指標をベースに成り立っていますので、基礎部分は、理解しておいた方がよいのも事実です。はっしゃんも、これらを理解したうえで理論株価をメインに使っています。

読み飛ばしする方も、実践で使って慣れてきてから、改めて読んでおくことをおすすめします。

　財務指標や計算式の解説を飛ばす方は、244ページの「理論株価の5つの使い方」まで進んでください。

　ここからは理論株価の計算に、はっしゃんが開発した「理論株価電卓」と「5年後株価計算ツール」を使います。

 【株Biz】理論株価電卓のURL

https://kabubiz.com/funda/riron/

 【株Biz】5年後株価計算ツールのURL

https://kabubiz.com/funda/calc/

第5章　四季報速読（ステップ3：理論株価編）

　さて、理論株価は四季報や決算書の財務指標から計算します。
　といっても、決して難しいものではなく、理論株価電卓で使う指標は、

- 自己資本比率
- BPS（1株純資産）
- EPS（1株純利益）

のたった3項目です。それぞれの指標について分かりやすく見える化して説明します。

　次のグラフは、理論株価電卓で使用するチャート画面です。理論株価電卓のチャート画面では6種類のグラフが見える化して表示されます。

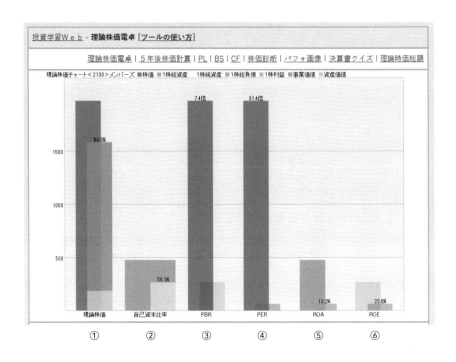

　理論株価電卓のチャート画面で3指標がどう表示されるかを見てみましょう。

● 自己資本比率：
　グラフ②が自己資本比率です。1株純資産÷1株総資産で計算します。

● BPS(1株純資産)：
　グラフ②の右下の1株純資産です。グラフ③PBRやグラフ⑥ROEでも使います。

● EPS(1株純利益)：
　グラフ④PER、グラフ⑤ROA、グラフ⑥ROEの右側が1株純利益です。

もう少し詳しく説明します。

自己資本比率：総資産に占める純資産の割合で企業の財務健全性を示す指標

自己資本比率が高ければ高いほど財務が健全であることを示します。

理論株価電卓のチャート画面のグラフ②はバランスシート（貸借対照表）を見える化したものです。バランスシートは株主資本である純資産と、借金である負債で構成されています。

総資産 ＝ 純資産＋負債
自己資本比率 ＝ 純資産 ÷ 総資産

財務が健全であるということは、借金が少ないということであり、安全性の高い企業であると評価されます。一方で借金が多い企業は、借金というリスクを取っていることになりますが、借金を活用して、その分だけ少ない元手で利益を上げることが出来ている場合は、プラスに評価されます。

借金が多すぎるのは問題がありますが、適度に借金を活用することで収益効率の高い企業の方が企業価値が評価されやすいことは覚えておきましょう。

BPS：1株あたりに換算した純資産を表す指標で、企業の解散価値を示す

BPSが示す1株純資産は、企業の解散価値です。解散価値とは、仮に企業を清算して解散するとしたら投資家に戻ってくる金額です。そし

第5章 四季報速読（ステップ3：理論株価編）

239

て、この値は理論株価における「資産価値」のベースとなります。

　BPSは、工場や不動産を必要とする装置型産業では大きくなり、人的資本が中心のIT企業などでは小さくなる傾向（人的資本は、決算書上の資産に含まれないため）があります。

　通常の企業では、株価は解散価値を上回りますが、将来性がないと評価されてしまった不振企業では、株価が解散価値を下回ることは珍しくありません。

　理論株価電卓のチャート画面グラフ③PBRは、株価がBPSの何倍かで割安度を表す指標です。

EPS：1株あたりに換算した純利益を表す指標で、企業の収益力を示す

　EPSは、企業が1株あたりで稼ぎ出す利益を表します。企業は、その企業が持つ資産と人的資本を使って企業活動を行い、最終的には利益を残します。その利益は、理論株価の「事業価値」に直結する重要な指標です。

　EPSは、1株あたりになっているため「投資コストを回収するのに何年かかるか」のベースになります。例えば、EPSを15倍した数字は、PER15倍となり、これは日本株の平均的な株価水準に相当する倍率です。

　PERは、株価収益率を示す指標で、株価がPER15倍（EPSの15倍）の場合は、その株価が15年間で投資コストを回収する（EPS15年分の株価）という目安になります。

　理論株価電卓のチャート画面グラフ④では、PERを見える化して表示しています。

　EPSとBPSを組み合わせた指標であるROE、およびEPSとBPSと自己資本比率から算出できるROAについても触れておきます。

ROE ＝ EPS ÷ BPS で計算され、1株あたり純資産から得られる利益の割合を示す

ROA ＝ EPS ÷ 1株総資産。1株あたり総資産から得られる利益の割合を示す

理論株価電卓のチャート画面グラフ⑥がROEになります。

ROEが高い企業ほど、少ない資本で大きな利益を稼ぎ出す高収益企業になり、理論株価は高くなる傾向があります。

企業がROEを増やす（理論株価を上昇させる）ためには、

● 分子であるEPSを上昇させる
● 分母であるBPSの割合を低下させる

のいずれかが有効です。

EPSを上昇させるためには、売上を増やしたり、利益率を高めることが必要です。

BPSの割合を低下させるということは、自己資本比率を下げることにもなります。例えば、自社株買いを実施して資本を減少させたり、借金を活用して収益効率を上げることでもROEは上昇します。

「はっしゃん式理論株価」では、PER15倍を基準として、ROEがより高い企業ほど、高いPER倍率で評価します。

理論株価電卓ではROEを直接入力するわけではありませんが、入力するEPSとBPSからROEを計算して補正したうえで事業価値の算出に使用しています。

理論株価電卓のチャート画面グラフ⑤がROAになります。

ROEが純資産に対する資本効率を表す指標であるのに対して、ROA

四季報速読（ステップ3：理論株価編）

は株主資本に借金を加えた総資産に対する収益効率を示します。

　ROEには、借金過多の倒産リスクの高い企業の企業価値まで高くなってしまう問題があります。はっしゃん式 理論株価では、ROAを併用することで、このROEリスクを抑制しています。

はっしゃん式 理論株価の計算式

　ここまで紹介してきた、自己資本比率やBPS、PBR、EPS、PER、ROE、ROAなどの指標は、初心者の方には少し難しいかもしれません。

　でも安心してください。本書は、理論株価をメインで使うので、これらの投資指標は参考程度の位置づけになります。

　そして、10倍株を探す方法は、シンプルに「理論株価が上昇し続ける銘柄を探すこと」です。

　理論株価の計算式は次の通りです。

　理論株価 ＝（資産価値＋事業価値）－ 市場リスク

　理論株価は、資産価値と事業価値の2つの要素から構成され、そこから市場リスクを引いたものになります。

　資産価値は主にBPSから、事業価値はEPSとROE（ROA×財務レバレッジ）から計算します。

　市場リスクは、PBR0.5倍未満の銘柄を倒産予備軍として割引評価するものです。これは、理論株価が四季報や決算書の財務指標から計算することに対するリスクヘッジとして用意しています。

　このパラメータを、はっしゃんは「リーマンショックルール」と呼んでいますが、2009年のリーマンショック時には、企業が黒字決算を発

表した後、急速に業績が悪化し、そのまま倒産することがありました。

　いわゆる黒字倒産というものですが、金融危機や恐慌のような信用収縮が発生した場面では、次の決算発表まで待っていては、投資判断が間に合わない（それより前に企業が倒産してしまう）ことが起こりうるのです。

　従って、はっしゃん式 理論株価では、**本当に危ない時は「市場から声である株価を優先しなければならない」というルール**を採用し、その基準を解散価値の半分であるPBR0.5倍未満としています。

　参考までに各要素の計算式も紹介しておきます。本書では各要素の詳細解説は省略しますが、企業価値や理論株価は、「習うより慣れろ」です。

　より多くの銘柄に触れ、理論株価チャートを分析したり、理論株価を計算することで、各要素と理論株価の関係を身につけていってください。

● 資産価値

　資産価値 = BPS × 割引評価率（自己資本比率により割引評価）

　80%以上：80%

　67%以上：75%

　50%以上：70%

　33%以上：65%

　10%以上：60%

　10%未満：50%

● 事業価値

　事業価値 = PER15倍 × 補正ROE × 10

　補正ROE = ROA × 財務レバレッジ補正（※ROA評価上限30%）

　※ROA評価上限や財務レバレッジ補正により、ROEを補正して使用

- 財務レバレッジ補正

  1 ÷ ［0.66 ≦（自己資本比率 + 0.33）≦ 1］

  レバレッジ1.5倍以下：1倍

  レバレッジ2倍：1.2倍

  レバレッジ2.5倍：1.36倍

  レバレッジ3倍以上：1.5倍

- 市場リスク　（※リーマンショックルール）

  PBR0.5倍未満時のみ、市場評価を優先しリスク切迫度で割引評価。

  0.5倍以上：0%

  0.41〜0.49倍：-20%

  0.34〜0.40倍：-33%

  0.25〜0.33倍：-50%

  0.21〜0.25倍：-66%

  0.04〜0.20倍：-75〜-95%（（PBR /5*50）+50）

  0.00〜0.03倍：-97.5〜-99.5%（（PBR -1）*10+5）

- リーマンショックルール

  リーマンショック時に増収増益の黒字企業が下方修正もないまま倒産したこと（株価は暴落していた）により、一定レベルを超えた株価下落時には市場評価を最優先して企業価値を計算するルール。

理論株価の5つの使い方

　第1章で触れたように、本書では10倍株を探す方法として、短期間の上昇で終わる「期待上げ」の銘柄ではなく、業績成長が長く続く「成

長上げ」の銘柄を探して長期投資することで10倍株を狙います。

　そして、その評価プロセスで理論株価は「基準価格」という重要な役割を果たします。

　理論株価の主な使い方は次の通りです。

①割高か割安かを判断する
②四季報や決算書から企業価値を計算する
③過去に遡って理論株価を計算する
④四半期決算ごとに理論株価を計算する
⑤未来の企業価値の予想をする

順番に説明していきましょう。

❶　割高か割安かを判断する
　株価と理論株価（適正株価）を比べて割安・割高を判断することができます。

超割安：株価 ＜ 資産価値
割安：株価 ＜ 理論株価
適正：株価 ≒ 理論株価
割高：株価 ＞ 理論株価
超割高：株価 ＞ 上限株価

本章の最初で説明したように、割安なら買い、割高なら買いは見送りです。

　ただし、注意点として、**理論株価で示された値が「投資家が目標とすべき株価」とは限らない**ということです。

　通常、割高な銘柄には割高に評価されている理由があり、割安な銘柄

には評価されていない理由があります。

　例えば、ずっと成長が続いているような銘柄は、「将来もっと企業価値が上がるだろう」という投資家の期待を織り込んで割高に評価される傾向があります。

　逆に、低迷が続く銘柄では「この先はもっと悪くなるだろう」という悲観的な見通しから、割安な評価が維持されてしまうのです。

　本章の理論株価の簡易チェックでは、**「株価が理論株価よりも高すぎず、安すぎないこと」**を売買判断の条件の1つとしました。

　これは、前段階の四季報速読法【ステップ1】で右肩上がり成長株を絞り込むことが前提になっていて、そこから極端な割高株や割安株を除外するためのものです。

　しかしながら、右肩上がりの銘柄はごく少数でした。日経平均株価が30,000円を超えているような局面でも、多くの銘柄の株価は低迷していました。

　例えば、自動車部品というセクターの銘柄を例に考えてみましょう。

・EV車用モーター
・ガソリン車用マフラー

の2つの銘柄があったとします。

　自動車業界では、カーボンニュートラル（大気中に排出される二酸化炭素と大気から吸収される二酸化炭素の量を同じにすることで、地球環境に配慮した持続可能な社会を目指す考え方）の観点から、従来型のガソリン車のように化石燃料を使うクルマから、水素燃料や電気を使う次世代車へとシフトしつつあります。

　そのため、ガソリンエンジンを制限する法律が欧米各国で制定されはじめており、この流れは今後も進んでいくと考えられています。

このような状況を考えると、ＥＶ車用モーターはこれからますます多くが必要とされる一方で、ガソリンエンジンに関連する技術は、次第に必要とされなくなるでしょう。

　このような未来予想図から、将来性のあるＥＶ車用モーターの銘柄は高く評価され、ガソリン車用マフラーの銘柄は割安に評価されています。

● 自動車部品関連株の理論株価比較（2022年12月時点）

①EV用モーター	②ガソリン用マフラー
〈6594〉日本電産	〈7241〉フタバ産業
株価8,426円、理論株価4,003円	株価359円、理論株価547円
理論株価の2倍の市場評価	理論株価の65％の市場評価

　日本電産のような先進的なEV銘柄はごくわずかですが、旧時代的な自動車部品メーカーはフタバ産業以外にもたくさんあるのが現実です。

　このように株価（市場評価）と理論株価の背景について掘り下げて分析すると、単純に「割高＝売り」「割安＝買い」という図式ではないのが分かりますね。

　はっしゃんは、株価と理論株価に差があったとしても、それは現在の市場で織り込まれたものであり、それが現在の評価位置と考えるようにしています。

　そのうえで、現在の株価と理論株価が「将来の企業価値」と見合っているかを分析することが重要になってきます。

〈6594〉日本電産の理論株価			〈7241〉フタバの理論株価	
理論株価（ ■資産価値+■事業価値）[?使い方]			<7241>フタバの理論株価	
理論株価	4,003		理論株価	547
上限株価	6,157		上限株価	1,014
資産価値	1,849		資産価値	417
上昇余地	-43.6%		上昇余地	+52.4%
上昇上限	-13.1%		上昇上限	+182.5%

https://kabubiz.com/riron/6000/6594.php https://kabubiz.com/riron/7000/7241.php

　投資対象とすべきは、現在ではなく、「将来の企業価値（理論株価）」が上昇する企業です。

　第2章でも述べた通り、人口減少社会に突入した日本では、これから衰退していくと評価されている割安な銘柄が増えつつあります。

　われわれ投資家は、割安な銘柄を選ぶのではなく、未来の成長を描ける銘柄を探すためにこそ、理論株価を活用する必要があります。

　まとめると、理論株価では、割安なら買い、割高なら見送りが基本です。

　ただし、割安を買う場合は、市場評価が変わり、株価が上昇するという仮説に根拠や再現性があるかをよく確認しましょう。

　市場から期待されていない多くの銘柄は永遠に割安のままです。

　割高の場合は、その理由を考えます。そして、3年後、5年後の企業価値について考えてみましょう。3年後、5年後の理論株価を現在の株価と比べてみると、あるいは買いと判断できるかもしれません。

　将来の企業価値を分析する方法については後述しますが、10倍株の多くは、四季報で最初に付箋をした時、すでに割高です。

❷ 四季報や決算書から企業価値を計算する

「理論株価電卓」を使って実際に理論株価を計算してみましょう。

今回は、はっしゃんが四季報2019年夏号を速読した時、最初に見つかったメンバーズ〈2130〉を例に理論株価を計算します。

皆さんが四季報を参照する場合の注意点として、四季報発売後に最新決算が発表されている場合は、四季報の情報が古くなっているため、決算書を参照した方がよいでしょう。

理論株価電卓に必要な指標は、四季報では下の図の□で囲ったあたりに掲載されています。

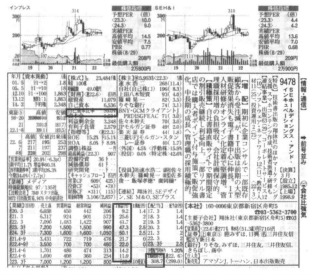

※四季報の掲載位置は変更される可能性がありますのでご注意ください

決算書から数字を参照する場合は、P250のように1ページ目の□で囲った場所に記載されています。

●メンバーズ2019年3月期決算短信より

2019年3月期 決算短信[IFRS]（連結）

2019年5月10日

上場会社名　株式会社メンバーズ　　　　　　　　　　　　　　　　　　　上場取引所　　東
コード番号　2130　　　URL　https://www.members.co.jp/
代表者　　　（役職名）代表取締役社長　　　　　　（氏名）剣持 忠
問合せ先責任者　（役職名）取締役常務執行役員　　（氏名）高野 明彦　　　　　TEL 03-5144-0660
定時株主総会開催予定日　　2019年6月20日　　　　　配当支払開始予定日　　2019年6月21日
有価証券報告書提出予定日　2019年6月21日
決算補足説明資料作成の有無　：　有
決算説明会開催の有無　　　　：　有　　（アナリスト・機関投資家向け）

（百万円未満切捨て）

1. 2019年3月期の連結業績（2018年4月1日〜2019年3月31日）

(1) 連結経営成績 （％表示は対前期増減率）

	売上収益		営業利益		税引前利益		当期利益		親会社の所有者に帰属する当期利益		当期包括利益合計額	
	百万円	％	百万円	％	百万円	％	百万円	％	百万円	％	百万円	％
2019年3月期	8,857	19.6	968	45.1	968	45.8	656	40.5	619	40.5	654	32.0
2018年3月期	7,403	14.3	667	1.3	664	1.3	467	3.3	441	△1.7	495	6.5

	基本的1株当たり当期利益	希薄化後1株当たり当期利益	親会社所有者帰属持分当期利益率	資産合計税引前利益率	売上収益営業利益率
	円 銭	円 銭	％	％	％
2019年3月期	48.88	47.47	19.7	17.3	10.9
2018年3月期	36.00	34.81	16.4	14.2	9.0

（参考）持分法による投資損益　2019年3月期 － 百万円　2018年3月期 － 百万円

(2) 連結財政状態

	資産合計	資本合計	親会社の所有者に帰属する持分	親会社所有者帰属持分比率	1株当たり親会社所有者帰属持分
	百万円	百万円	百万円	％	円 銭
2019年3月期	6,047	3,446	3,390	56.1	265.16
2018年3月期	5,127	2,951	2,912	56.8	235.67

(3) 連結キャッシュ・フローの状況

	営業活動によるキャッシュ・フロー	投資活動によるキャッシュ・フロー	財務活動によるキャッシュ・フロー	現金及び現金同等物期末残高
	百万円	百万円	百万円	百万円
2019年3月期	1,036	3	△387	2,595
2018年3月期	834	△270	△235	1,941

2. 配当の状況

	年間配当金					配当金総額（合計）	配当性向（連結）	親会社所有者帰属持分配当率（連結）
	第1四半期末	第2四半期末	第3四半期末	期末	合計			
	円 銭	円 銭	円 銭	円 銭	円 銭	百万円	％	％
2018年3月期	－	0.00	－	9.50	9.50	118	26.4	4.3
2019年3月期	－	0.00	－	11.50	11.50	147	23.5	4.6
2020年3月期(予想)	－	0.00	－	14.00	14.00		22.2	

3. 2020年3月期の連結業績予想（2019年4月1日〜2020年3月31日）

（％表示は、通期は対前期、四半期は対前年同四半期増減率）

	売上収益		営業利益		税引前利益		当期利益		親会社の所有者に帰属する当期利益		基本的1株当たり当期利益
	百万円	％	百万円	％	百万円	％	百万円	％	百万円	％	円 銭
第2四半期(累計)	4,650	18.3	233	8.5	233	7.9	174	7.8	158	8.3	13.71
通期	10,880	22.8	1,246	28.7	1,246	28.7	849	29.4	800	29.1	63.07

1. 上記の連結業績予想は、IFRSに基づき予想値を算出しております。
2. 「基本的1株当たり当期利益」は、2019年3月期の期中平均株式数12,682,570株に基づいて算出しております。

　決算書は、各企業IRサイトのIRライブラリ等から参照できます。あらかじめ四季報や決算書から数値をピックアップしておきましょう（数字は2019年3月決算短信のものです）。

- 自己資本比率56.1%
- BPS 265.16円
- EPS 63.07円

　数字をピックアップできたら「理論株価電卓」のURLにアクセスして画面を開きます。

【株Biz】理論株価電卓のURL

https://kabubiz.com/funda/riron/

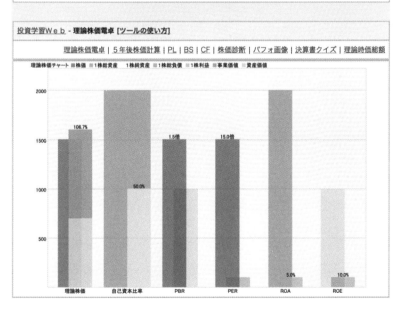

「理論株価電卓」を開いたら、画面を中ほどまでスクロールさせて「財務指標と株価の設定」フォームにピックアップした数値を入力します。

　一緒に銘柄コードと株価も入力しましょう。株価は、分析する決算期に合わせて過去の株価を参照します。

- 銘柄コード：2130
- 株価：1893円（2019年5月末のもの）

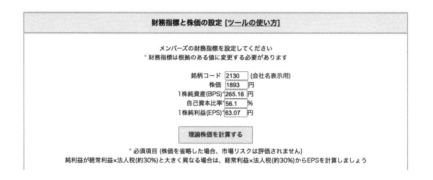

財務指標と株価の設定 [ツールの使い方]

メンバーズの財務指標を設定してください
* 財務指標は根拠のある値に変更する必要があります

　　　　銘柄コード 2130 （会社名表示用）
　　　　　　株価 1893 円
　1株純資産(BPS) 265.16 円
　　　自己資本比率 56.1 ％
　1株純利益(EPS) 63.07 円

理論株価を計算する

* 必須項目 (株価を省略した場合、市場リスクは評価されません)
純利益が経常利益×法人税(約30%)と大きく異なる場合は、経常利益×法人税(約30%)からEPSを計算しましょう

全部入力できたら、［理論株価を計算する］ボタンをクリックします。

　数値が正しく入力できていれば、電卓が理論株価を計算し、次のページのような理論株価チャートが表示されます。

　理論株価を入力できない方は、下記のURLにアクセスしても同様の画面が表示されます。

https://kabubiz.com/funda/riron/?c=2130&b
=265.16&e=63.07&s=56.1&t=1893&v=1

　チャート左端のグラフaの左側が株価を示します。そして、グラフa右側の2段グラフが理論株価です（上半分が事業価値、下半分は資産価値を表し

ます）。

　左端のグラフ a では、株価と理論株価の関係が見える化されているので、割安か割高か直感的に分かります。

　先ほど説明したように、将来が期待される企業ほど株価は理論株価よりも高くなります。

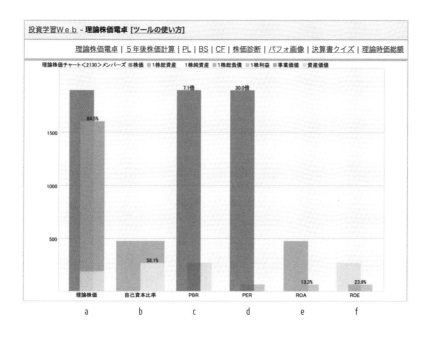

　この理論株価電卓のチャート画面では、理論株価のほかにも5つの財務指標が自動計算され、見える化をして表示されています。詳しくは、「理論株価の計算で使う5つの指標」で説明しましたので、ここでは簡単な説明だけ記しておきます。

　b：自己資本比率：総資産に占める純資産の割合を示します
　c：PBR：株価がBPSの何倍かで割安・割高を示します
　d：PER：株価がEPSの何倍かで割安・割高を示します

e：ROA：EPSが1株あたり総資産の何％かを示し、利益の資産効率を
　　　表します
f：ROE：EPSがBPSの何％かを示し、利益の資本効率性を表します

　理論株価電卓を「財務指標と株価の設定」フォームのさらに下までスクロールすると、各指標を数値で確認できます。
　この数値をExcelなどに転記することで、株価と理論株価の推移を記録できます。

財務指標	PBR	PER	ROA	ROE	株価	資産価値	事業価値	理論株価	上昇余地
メンバーズ	7.1倍	30.0倍	13.3%	23.8%	1,893	186	1,413	1,599	-15.5%

❸ 過去に遡って理論株価を計算する

　ここまで「理論株価電卓」を使った企業価値の計算方法について説明してきました。
　はっしゃんは、理論株価を「5年前まで遡って」時系列分析しています。前に紹介した「理論株価チャートRoom」で見える化したチャートがそれに当たります。
　「理論株価チャートRoom」のような本格的な見える化は、難易度が高くなりますが、簡単な時系列分析であれば、「理論株価電卓」とExcelを組み合わせることでも可能です。
　次の画面は、はっしゃんが作成した理論株価記録用のExcelテンプレートです。
　このように、過去データを記録していくことで、株価と理論株価の関係を時系列で分析したり、Excelのグラフ機能を利用したグラフ化も可能です。

	年	月	日	四半期	資本比率	BPS	EPS	株価	資産価値	事業価値	理論株価	上昇余地	PBR	PER	ROA	ROE
1	2130 メンバーズ															
2	年	月	日	四半期	資本比率	BPS	EPS	株価	資産価値	事業価値	理論株価	上昇余地	PBR	PER	ROA	ROE
3	2019	5	10	4	56.1%	265.16	63.07	1,893	186	1,413	1,599	−15.5%	7.1	30.0	13.3%	23.8%
4	2019	7	31	1	59.1%	251.69	63.07	1,982	176	1,513	1,689	−14.6%	7.9	31.4	14.8%	25.1%
5	2019	10	31	2	58.6%	272.16	63.07	1,925	191	1,400	1,591	−17.4%	7.1	30.5	13.6%	23.2%
6	2020	2	5	3	57.3%	298.05	63.07	2,431	200	1,314	1,514	−37.7%	8.5	38.5	12.6%	22.1%
7	2020	5	8	4	55.6%	320.75	63.91	1,830	225	1,190	1,415	−22.7%	5.7	28.6	11.1%	19.9%
8																
9																
10																
11																
12																
13																
14																
15																
16																
17																
18																
19																
20																
21																
22																

　メンバーズの計算例でも2019年の決算書から理論株価を計算したように、過去の決算書を参照することで、理論株価は算出可能です。

　参考までに四半期ごとに理論株価を計算したメンバーズの理論株価チャートを「理論株価チャートRoom」で参照すると次のようになっています。

2130 メンバーズ　　　　　　　　　　　　　　　　　　　　　　　　　　　　　　　[月足] 2022/12

　なお、四季報は過去の理論株価計算には、あまり向いていませんのでご注意ください。理由は、四季報に「自己資本比率」や「BPS」などの

過去データが掲載されていないためです。「EPS」は四季報でも過去データが掲載されていますが、本決算や中間決算のみ掲載となっていて、第1四半期決算や第3四半期決算は掲載されていません。

第1四半期決算（新年度商戦の時期です）や第3四半期決算（年末商戦の時期です）は、重要な商戦期になっている企業も多く、四半期単位の売上や利益の進捗率が企業価値や株価に大きく影響することもあります。

時系列分析する場合は、決算書から四半期単位で理論株価を計算しておきましょう。

財務指標や理論株価をExcelに記録する場合の注意点としては、株式の分割や併合があった場合は、「1株あたり」の基準が変わるため、分割数や併合数に合わせて過去のEPS、BPS、理論株価を計算しなおす必要があります。

一例ですが、株式が1：2に分割された場合、EPSやBPS、理論株価は半分になります。

④ 四半期決算ごとに理論株価を計算する

前述のように、理論株価は四季報や決算書の財務指標から計算しますが、より新しい情報は決算書です。

はっしゃんは常に最新の決算書データを参照して決算発表当日に理論株価を更新するようにしています。実際に投資を開始すると、四半期ごとに理論株価を計算するなど、投資前よりも決算書の重要性が増してくることでしょう。

では、決算書だけ見ればよいのかというと、それでは視野が狭くなってしまい、体験学習編で疑似体験したような全体感を見られなくなってしまいます。

●四季報と決算書の使い分け

四季報	**本書のステップ1、ステップ2**
	マクロ分析、広く浅く知るのに向いている 知らなかった企業や新しい投資候補を発掘する 全ページを速読して、その傾向や変化を分析する

決算書	**本書のステップ3**
	ミクロ分析、時系列分析や深く知るのに向いている 投資先企業や売買候補の最新情報をアップデートする 最新の理論株価で企業価値を評価する

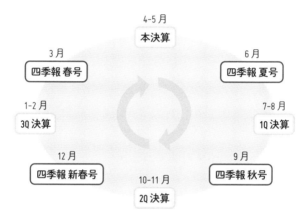

はっしゃんは、本書ステップ1、2で紹介してきた四季報を使った「新しい投資先の発掘」や「全体的な変化や傾向の把握」と、本章ステップ3での「理論株価による企業価値の評価」は補完関係にあり、どちらも欠かせないものと考えています。

四季報発売日と決算発表のピークは、投資家が取り組みやすいようスケジュール的にもずれています。2つのアイテムをうまく使い分けていきましょう。

❺ 未来の企業価値を計算する

理論株価は、四季報や決算書の3指標を使って計算するシンプルな指

標ですから、現在や過去だけではなく、未来にも適用できます。未来の企業価値を計算するには、未来の財務指標を予測・計算して適用しますが、難易度的には中級編になります。

過去の理論株価	現在の理論株価	未来の理論株価
過去の自己資本比率	現在の自己資本比率	未来の自己資本比率
過去のBPS(1株純資産)	現在のBPS(1株純資産)	未来のBPS(1株純資産)
過去のEPS(1株純利益)	現在のEPS(1株純利益)	未来のEPS(1株純利益)

　第3章でも触れたように、不確実な未来を正確に予測することは困難です。そこで、未来の企業価値を予測する場合には、**現在の延長線上で見える未来を基本シナリオとして、想定外の出来事が発生した場合には、都度シナリオを修正する**という方法を採ります。

● 未来の企業価値を予測して計算する方法
　①現在の成長がそのまま続くという仮説を基本とする
　②想定外の出来事が発生した場合は、その都度シナリオを修正する
　　※業種、企業特性によっては、そのまま続く仮説は採れないことに
　　　注意

　延長線で考える予測法の注意点として、**現在の成長が一時的な特需であったり、景気サイクルに依存したものである場合には、基本シナリオの計算では誤った結果が導き出されることもある**ということです。ここは、正確な予測分析に基づいた判断が要求される難易度が高い分野になります。
　どのくらい難易度が高いかと言えば、経営者やプロのアナリストであったとしても、予測を誤ってしまうことは日常茶飯事（企業から下方修正が出るのはそういうこと）ですので、本質的には企業の見通しすら信用できな

い、最終的に投資家自身の責任で決めるしかないほど不確実性が高いと心得ておきましょう。

　もう1つ、未来の企業価値分析で注意すべき点は、前提条件が変わった時、それを反映してシナリオを修正することを忘れがちなことです。例えば、「コロナショック」や「ロシアのウクライナ侵攻」などがそれにあたりますが、そのほかにも「対象企業の重要な事実を見落としていた」失敗は起こりがちです。

　また、EVやメタバース（アバターを使って仮想3D空間を行き来する次世代のネットワーク環境）のように、これから大きく成長すると期待されている業界の未来を「成長加速型」のシナリオで予測することもツール上では可能ですが、株価はその時点で投資家が期待する平均的な未来を反映しますので、その点も考慮しておきます。そして、平均以上の部分は「期待上げ」に過ぎないことも理解しておきましょう。

　このような不確実性や市場期待の特性を理解したうえで、「5年後株価計算ツール」を使った未来の企業価値計算にチャレンジします。

　今回は「理論株価電卓」と同じメンバーズの5年後株価を計算します。「5年後株価計算ツール」のURLにアクセスして画面を開きます。

　【株Biz】5年後株価計算ツールのURL

https://kabubiz.com/funda/calc/

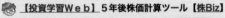

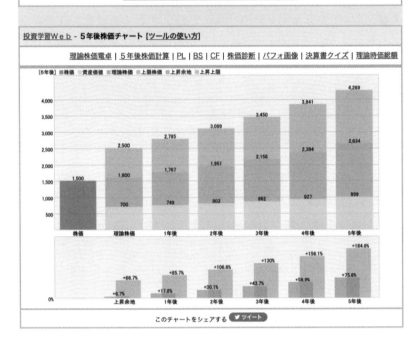

　「5年後株価計算ツール」では、5年後の株価を計算するために「理論
株価電卓」と同様、3つの財務指標と株価、銘柄コードを入力します。
このうち、「理論株価電卓」と異なる点は、未来を予想するベースとす
るため、最新の決算書データを使用する点です。

　執筆時点で最新のメンバーズ2023年度3月期の第2四半期の決算書、
および2022年12月の株価から数字をピックアップしたのが次の図です。

2023年3月期 第2四半期決算短信〔IFRS〕（連結）

2022年10月31日

上場会社名 株式会社メンバーズ

上場取引所 東

コード番号 2130 　URL　https://www.members.co.jp/

代表者 　（役職名）代表取締役社長 　　　　　（氏名）剣持 忠

問合せ先責任者 （役職名）取締役専務執行役員 　　（氏名）高野 明彦 　　　　TEL 03-5144-0660

四半期報告書提出予定日 　　2022年11月4日

配当支払開始予定日 　　　　—

四半期決算補足説明資料作成の有無 ： 有

四半期決算説明会開催の有無 ： 有 （アナリスト・機関投資家向け）

（百万円未満切捨て）

1. 2023年3月期第2四半期の連結業績（2022年4月1日～2022年9月30日）

（1）連結経営成績（累計）

（％表示は、対前年同四半期増減率）

	売上収益		営業利益		税引前利益		四半期利益		親会社の所有者に帰属する四半期利益		四半期包括利益合計額	
	百万円	％	百万円	％	百万円	％	百万円	％	百万円	％	百万円	％
2023年3月期第2四半期	8,213	20.9	288	△21.2	237	△34.9	157	△39.5	157	△39.5	157	△39.5
2022年3月期第2四半期	6,795	25.6	366	149.3	364	156.2	259	117.3	259	117.3	259	116.7

	基本的1株当たり四半期利益	希薄化後1株当たり四半期利益
	円 銭	円 銭
2023年3月期第2四半期	11.87	11.76
2022年3月期第2四半期	19.97	19.49

（2）連結財政状態

	資産合計	資本合計	親会社の所有者に帰属する持分	親会社所有者帰属持分比率
	百万円	百万円	百万円	％
2023年3月期第2四半期	9,697	5,820	5,820	60.0
2022年3月期	10,404	5,895	5,895	56.7

2. 配当の状況

	年間配当金				
	第1四半期末	第2四半期末	第3四半期末	期末	合計
	円 銭	円 銭	円 銭	円 銭	円 銭
2022年3月期	—	0.00	—	25.00	25.00
2023年3月期	—	0.00			
2023年3月期（予想）			—	30.00	30.00

（注）直近に公表されている配当予想からの修正の有無 ： 無

3. 2023年 3月期の連結業績予想（2022年 4月 1日～2023年 3月31日）

（％表示は、対前期増減率）

	売上収益		営業利益		税引前利益		当期利益		親会社の所有者に帰属する当期利益		基本的1株当たり当期利益
	百万円	％	百万円	％	百万円	％	百万円	％	百万円	％	円 銭
通期	18,200	21.8	2,200	17.3	2,185	15.2	1,573	12.0	1,573	12.0	120.65

（注）直近に公表されている業績予想からの修正の有無 ： 無

1. 上記の連結業績予想は、IFRSに基づき予想値を算出しております。

2.「基本的1株当たり当期利益」は、2022年3月期の期中平均株式数13,037,276株に基づいて算出しております。

- 銘柄コード 2130

- 自己資本比率 60.0%

- BPS 438.11 円

- EPS 115.14 円

- 株価 1963 円

第5章 四季報速読（ステップ3：理論株価編）

自己資本比率は、決算書記載のそのままの数字を使います。BPSと
EPSについては、今回は手動で計算します。

〔1株あたりの計算式〕
　BPS ＝ 純資産（or資本）÷（発行済株式数－期末自己株式数）
　EPS ＝ 経常利益（or税引き前利益）× 70% ÷（発行済株式数－期末自
　　　　己株式数）

　BPSは本決算の決算短信には記載がありますが、四半期の決算短信に
は記載されていない場合がありますので、純資産（資本）を発行済株式
数で割って再計算します。
　EPSは、四半期決算にも記載がありますが、最終利益から計算した
EPSには特別利益や特別損失などの一時的な利益が含まれていたり、法
人税の実効税率が実態から乖離している場合がありますので、経常利益
または税引き前利益の70%を発行済株式数で割って、未来予測の土台
としてより適切なデータを計算します。

　メンバーズの場合は、

・資本5,820百万円 ÷（13,361,800 － 77,460）株 ＝ BPS438.11円
・税引前利益2185百万円 × 70% ÷（13,361,800 － 77,460）株
　＝ EPS115.14円

で計算しています。
　もう1つ「理論株価電卓」と異なるところが、利益成長率を入力する
ところです。

こちらは、決算短信の経常利益または税引き前利益の今期会社予想の成長率を使います。

・利益成長率15.2%

　数字のピックアップが終了したら「5年後株価計算ツール」の画面を開いて、画面の中ほどにある「成長率と財務指標の設定」フォームにピックアップした数値を入力します。

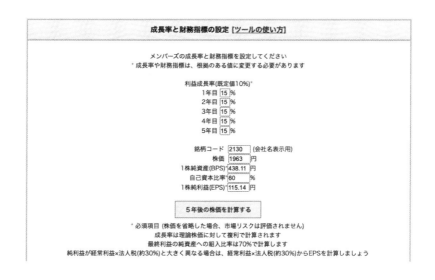

第5章 四季報速読(ステップ3::理論株価編)

　利益成長率には、1年目から5年目まで別の値を設定することもできますが、今回はすべて同じ数字を入力しています。
　入力できたら、[5年後の株価を計算する] ボタンをクリックします。数値が正しく入力できていれば、次のページのような5年後株価チャートが表示されます。

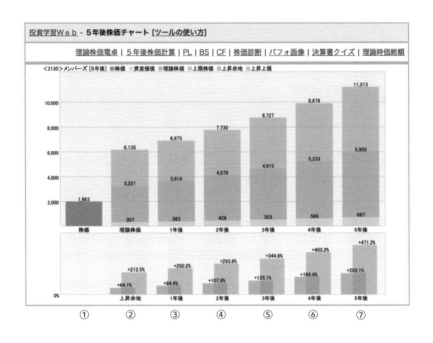

数字が入力できない場合は、下記のURLまたはQRコードにアクセスいただいても同様の画面が表示されます。

 https://kabubiz.com/funda/calc/?c=2130&g1
=15.2&g2=15.2&g3=15.2&g4=15.2&g5=15.2&b
=438.11&e=115.14&s=60&t=1963&v=1

　5年後株価チャート上段の左端の①棒グラフが現在の株価です。その横の②3段棒グラフが現在の理論株価で、緑色が資産価値、オレンジ色が理論株価、水色が上限株価を表します。

　そして、③1年後、④2年後、⑤3年後、⑥4年後、⑦5年後と、5年先までの未来の理論株価の推移を示します。

　チャート下段には、上昇余地と上限余地の推移が表示されています。

　この5年後株価チャートからは、決算書通りに15.2%の利益成長が5

年間続いたとすると、

・理論株価　3,221円 → 5,950円
・上限株価　6,135円 → 11,213円

と、理論株価が1.8倍になること。そして、現在の株価1,963円からは5年後理論株価5,950円まで3倍程度の上昇が見込まれること。もしも人気化すれば、5年後上限株価11,213円まで5倍以上の上限余地があることも分かります。

　一方で成長倒れになった場合のリスクも資産価値で示されており、現在の株価の半分以下までの下落余地があることを示します。

・資産価値　307円 → 687円

　5年後の資産価値は2倍以上に増加していますが、現在の株価は1,963円なので、資産価値まで株価半減以上の下落余地になります。あくまでも、不確実な未来の予測ではありますが、このようなプロセスで年4回、決算書から理論株価ベースの企業価値を計算していきます。

　未来の企業価値は、決算発表毎に変動しますので、その都度、未来の理論株価を再計算し、成長シナリオを修正します。

● 未来の理論株価は年4回更新する
● 決算発表ごとに数字を変更してシナリオも修正する

　実際に5年後株価計算ツールのような未来になるかは、未来の出来事が業績に与える影響をふまえると不透明ですが、決算書の延長線上に見える基本シナリオを「基準価格の目安として持っておく」ことは、未来志向の成長株投資にとって重要です。

また、ここで計算した「未来の株価」は、市場から高く評価されている高成長企業の投資判断の目安とすることも可能です。例えば、現在の株価と理論株価を比較して割高であったとしても、3年後、5年後の企業価値と比べて割安であれば、買う判断もできるというわけです。

　理論株価よりも割高な人気株は、このような未来の企業価値に魅力を感じて買われることも多く、「5年後株価計算ツール」は、その視点からも使えるツールです。

同業他社と理論株価を比較する

　ここまで過去に遡った検証や未来の予測など、同じ銘柄を対象とした時系列分析について説明してきました。

　投資先を選別するのには、もう1つ有効な方法があり、それが競合する同業他社と比較する同業他社比較分析です。

　第3章でも説明したように、四季報には⑥資本・株価推移ブロックの【比較会社】の欄に参考となる同業他社が記載されていますので、それらの理論株価を計算して比較することで、投資候補の立ち位置を確認できます。

　四季報2023年新春号では、メンバーズの同業他社として次の3社があげられています。

〈3622〉ネットイヤー
〈6081〉アライドアーキテクツ
〈9715〉トランスコスモス

　これら3社とメンバーズの理論株価と上昇余地を比較します。いずれも割安株ですが、上昇余地には、かなり差があります。

● 理論株価の同業他社比較（2022年12月時点）

メンバーズ	理論株価3,221	上昇余地 +61.8%
ネットイヤー	理論株価494	上昇余地 +1.0%
アライドアーキテクツ	理論株価1,658	上昇余地 +33.1%
トランスコスモス	理論株価8,183	上昇余地 +153.0%

　次に、「理論株価チャートRoom」で5年前まで遡って理論株価チャートを比較します。

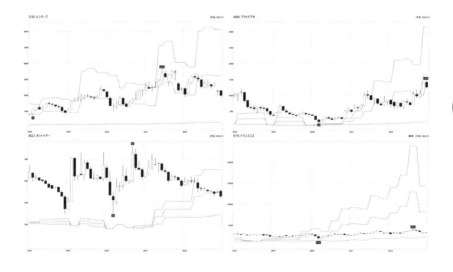

理論株価チャートをみると、

● メンバーズは、ほぼ株価と理論株価が連動して推移するも、最近は株価が調整中
● アライドアーキテクツは、ここ3年でみると株価と理論株価が連動で右肩上がり
● ネットイヤーは、割高だった株価が右肩下がりだが、足下の業績は

回復中

● トランスコスモスは、業績が右肩上がりであるものの、株価は割安圏で長期低迷

このようになっており、それぞれ全く様相が異なります。この4社チャートから株価と理論株価の連動性で評価すると、メンバーズよりもむしろアライドアーキテクツの方が業績・株価連動の右肩上がりのよいチャートになっていることが分かります。

そうであれば、アライドアーキテクツについて四季報で調べ直してみて、決算書を確認することで新たな投資チャンスに巡り会うかもしれません。

各社の四季報コメントや決算書から理論株価と市場評価の違いを再検証し、どこが投資候補として一番よいのかゼロベースで考え直すと、別の答えが見つかることはよくあります。

このように、同業他社比較を通じて新しい銘柄を知り、守備範囲を広げていくことで、結果として投資候補を客観的に評価できるようになるなど、投資家としての経験値も少しずつ向上していくものと思います。

同業他社を比較分析していくと、各社の株価（市場評価）と理論株価には違いがあり、それぞれに評価されている理由、評価されていない理由について仮説を立てることができます。

はっしゃんは、なぜ評価されているか、なぜ評価されていないか仮説を立てたうえで、それが第3章で見たような国際情勢や社会状況などのマクロ的な変化やこれからの決算でどう変わるかを考えて、投資判断するようにしています。

これらの仮説は「新型コロナショック」や「ロシアのウクライナ侵攻」のようなパラダイムシフトが発生すると、前提条件が崩れてしまうので、絶対ではないことも認識しておきます。

優先して投資対象としたいのは、マクロ的に追い風が吹いており、3年後、5年後を考えて、これからの決算でさらに市場評価が高まると見込める企業です。

　ただし、市場評価は理論株価をできるだけ下回っている方がよいでしょう。

　今回分析したメンバーズなど4社は、デジタルマーケティング分野を主力とし、コロナ禍において国策としてDXが推進されたり、これまで追い風が吹いてきた業界です。しかし、直近の業績は、コロナという特需によって嵩上げされていた部分もあるでしょう。

　それが、アフターコロナに移行した時、どう変わるかは、しっかりと仮説検証するようにしましょう。

　企業分析は「習うより慣れろ」です。一般的に、投資候補のバリエーション算出や同業他社比較は、専門用語や金融知識が要求される難しい部分で、それなりの時間もかかります。

　このバリエーション算出に、理論株価を使うことで、分析コストを大幅に簡略化できる利点もあり、初心者の方ほどメリットは大きいでしょう。四季報と理論株価を組み合わせて、うまく活用していきましょう。

理論株価はどこまで正しいのか？

　ここで理論株価の統計的な根拠についてお話ししておきます。

　「理論株価は、決算書から算出した本来あるべき適正株価であり、基準価格である」ことの根拠です。

　「はっしゃん式 理論株価」は、理論株価と実際の株価を時価総額に換算して単回帰分析で検証しており、それを統計的根拠としています。

また、回帰分析結果は、理論時価総額マップで日々更新しています。

 最新の理論時価総額マップ

https://kabubiz.com/funda/capital/

回帰分析は、「身長」と「体重」のように、関係がありそうな2つの変数の相関度を分析する統計手法です。相関の強さは、相関度rで表します。

● 回帰分析と相関度

$1.0 \geqq r > 0.7$　強相関

$0.7 \geqq r > 0.4$　相関

$0.4 \geqq r > 0.2$　弱相関

$0.2 \geqq r > 0.1$　微相関

$0.1 \geqq r \geqq 0.0$　非相関

$0 > r$　　　　負相関

結論から言えば、全銘柄の理論株価と株価には、非常に強い相関関係があります。

次のページの図は、2022年12月時点での理論時価総額と時価総額の回帰分析チャートですが、相関度r=0.86と強い相関になっていることが分かります。

また、過去の4年間の定点観測からも、常に強い相関があることが分かります。

● 株価と理論株価の相関度定点観測

2019.4.12　r = 0.93

●株価と理論株価を回帰分析した理論時価総額マップ

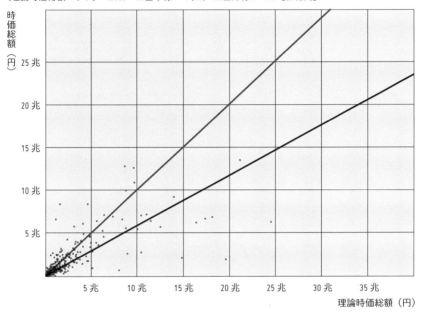

〈理論時価総額マップ〉 n3866 ■基準線 r = 1 (0%) ■回帰線 r = 0.86 [強相関]

2020.3.18　r = 0.92
2021.8.06　r = 0.71
2022.6.20　r = 0.88

そして、相関度を時価総額でより細かく分類すると、

● 理論株価と株価は全体として強い相関がある
● ただし、企業規模が小さいほど相関度は低下する
● 理論時価総額50億円以下ではほぼ相関なし

のようなことも分かっています。

これは、時価総額が大きい企業ほど市場評価が定まっており、理論株

価と株価の乖離が少なくなること。逆に、時価総額が小さくなればなるほど市場評価において「実績や業績予測よりも将来の期待値が優先される」ことを示しています。

　これは、ある程度、投資経験を持つ投資家の見解と一致するのではないでしょうか？

　はっしゃんは常々「長期的に株価は理論株価に収斂する」と言っていますが、特に理論株価から上方に乖離した株価は、

- 市場期待が失われること
- 市場期待が実現して企業が成長すること

の両面から理論株価へと収斂していくことになります。

　理論株価より割高な株価は見送り推奨としているのも、このような統計的な根拠があるからです。

　なお、前に統計的に「企業規模が小さいほど株価と理論株価の相関度が低下する」と述べましたが、これは企業規模が小さい企業には理論株価が使えないということではありません。株価と理論株価に相関性のない銘柄が圧倒的多数になることは事実ですが、その中に「株価と理論株価が連動する成長株候補」が含まれていることもまた事実です。それらの銘柄を、時系列で回帰分析すると、株価と理論株価は強い相関を示します。

　したがって、玉石混交の新興市場の中から割安な成長株候補を探すときも、時系列で株価と理論株価が連動する成長株候補を探していくことに変わりはありません。企業規模が小さい場合は、統計的な有意性がないほどノイズが多いと考えるとよいでしょう。

利大損小を実践して10倍株を狙う方法

　ここまで、ステップ1、2で選別した銘柄を理論株価で評価して売買判断する方法について説明してきました。

　ここからは、実際に購入した銘柄を長期保有して10倍株を狙う方法について解説します。それは、シンプルに利大損小のルールを適用して長期保有を目指すものです。

- 10倍株を狙う利大損小ルール
  - 利　　　大：成長（理論株価の上昇）が続く限り保有する
  - 損　　　小：含み損は例外なく、損切りする
  - 利大＋損小：含み益の銘柄のみ、成長（理論株価の上昇）が続く限り保有する

❶ 利大

　利大は成長が続く限り保有するというシンプルなルールです。第4章の体験学習編でも分かるように、業績と株価が連動する右肩上がり企業は、長く保有すればするほど、上昇率が高くなりますので、**原則として「売らないこと」が重要**になります。

　理論株価が上昇か下落かを判断する基準は、四半期単位ではブレがあるので1年前の理論株価と比較するとよいでしょう。

❷ 損小

　損小は、利大とは逆に「**含み損は例外なく損切りする**」というこちらもシンプルなルールです。そもそも、右肩上がりの成長株を購入しているならば、含み損になるはずがありません。であれば、含み損は、エントリーミスと考えて機械的に損切りすればよいのです。

なお、いったん損切りした後に安値で買い戻すことは問題ありません。

 利大損小

この「利大」と「損小」のルールを合体させると、**「含み益の銘柄のみ、成長（理論株価の上昇）が続く限り保有する」**という利大損小の必勝ルールになります。

はっしゃんの知る限り、勝ち組の投資家の多くは「利大損小の必勝ルール」を自然と実践していて、含み損の銘柄を持たず、手の内は含み益ばかりになっています。逆に、負け組の投資家は、含み益の銘柄が少なく、手の内が含み損だらけの傾向があるようです。

利大損小のルールをしっかり守って、まずは、「含み損を持たない投資家」になり、含み益の銘柄を長く持ち続けることで10倍株を狙っていきましょう。

あらかじめ決めておくべき「売却ルール」

長期投資では、10倍株の達成まで売らないのが理想ですが、やむを得ず売らなければならない局面はあります。

そこで、あらかじめ売却ルールを決めておき、ルールに従って売却するようにします。売却には、利益確定（利確）と損切りの2種類がありますが、いずれも「買う前に、売却ルールを決めておく」ようにしましょう。

- 2つの売却ルール

  利益確定：買う前に利確ルールを決めておき機械的に売却

  損　切　り：買う前に損切りルールを決めておき機械的に売却

利益確定は、できればしない方がよいのですが、次のような場合は、大きな値下がりが予想されるため有効です。

- 理論株価が右肩下がりに転換し、成長シナリオの前提が崩れた時
- 株価が理論株価の2倍（上限株価）以上の超割高まで上昇した後、頂点から20％以上下落した時

次チャートは、株価が理論株価の2倍以上まで上昇した後、下落に転じ、さらにその後の下方修正により、理論株価も急落したIRジャパンの例になります。

- 株価が超割高まで上昇した場合、高値から20％下落したところで売っておく
- その後の理論株価より安値で買った場合でも理論株価が下がったら売っておく

ことが重要だと分かります。

6035 I R ジャパン

また、投資先の業績・株価が順調であっても、

● 株価が買値から2倍以上に上昇した時、半分を売却して恩株にする

という恩株ルールも採用を検討するとよいでしょう。

2倍になった銘柄を半分売却することで投資元本が回収されると同時に、新たな有望株にコストを振り分けることができます。

損切りルールは、はっしゃんの場合「1円損切りルール」を採用しています。これは、購入日の翌日以降の「終値が買値を下回ったら損切り」というルールです。

株価は需給で動くこともあり、1円で損切りは難しいように思うかもしれませんが、このルールを使う前提条件として、購入時期に「決算発表の前後」を想定しています。

株の購入時期は決算発表前後がおすすめ

　株価と理論株価は決算発表で大きく動きますので、**決算発表の時期こそ、企業価値をみて投資する投資家が購入すべき時期**となります。

　四季報の発売は、おおむね決算発表の1ヶ月程度前になっていることが多いので、四季報から決算発表までの間に購入候補をピックアップしておきます。

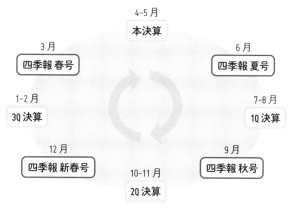

　決算期は、決算結果で株価が動きやすい時期です。好決算で株価が割安ならば上昇する確率が高くなり、その逆の場合には下落しやすくなります。

　一見すると、リスクが高いようにも見えますが、投資結果が分かりやすいため、

● 失敗：損切りしてやり直し
● 成功：そのまま長期保有へ移行

のように、すぐに次アクションに繋げられるメリットもあります。

　逆に、決算発表以外の時期は、海外株価や為替レート、政治状況など

●決算前後に買う方法

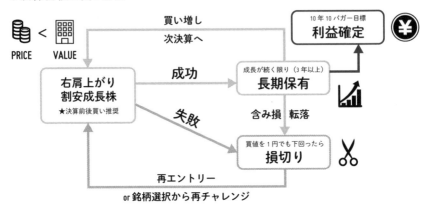

外的要因に左右されて、投資判断が正しかったかどうかを検証すること
も難しくなります。

　**決算発表時期の投資は、失敗する可能性はあるけれども、その結果が
すぐに分かり、失敗からもまた学べる**ということを考えると、購入時期
としておすすめです。

はっしゃん流「3年保有ルール」

　売却ルール、購入ルールのほかにもう1つ重要なルールがあります。
それが保有ルールです。はっしゃんは、10倍株を狙う戦略として「3年
保有ルール」を推奨しています。

　それは、**「損切り以外では、3年間は売らない」というシンプルなル
ール**です。特に初心者の方は、前に紹介した「利確ルール」よりも「3
年保有ルール」を優先すべきです（2倍で半分を売る恩株ルールは適用してもか
まいません）。

その理由は、3年以上の「長期投資をリアルに体験すること」がとても重要だからです。

長期投資に魅力的だと思う銘柄を1銘柄からでもよいので3年保有ルールで運用してみてください。

3年保有ルール

①3年間、同じ企業を四季報で調べる

②3年間、同じ企業の決算書を読む

③3年間、株価の推移と業績の成長を株主として体験する

④3年間、企業を取り巻く外部環境の変化を株主として体験する

本書の第4章では、四季報15冊分、3年半の付箋や外部環境の変化を追体験しましたが、それを同じ企業に投資した状態で体験することで、投資家としてよりよい経験を積むことができるでしょう。

ただし、「損切りルール」は「3年保有ルール」よりも優先します。

そして、「3年間、損切りルールに抵触しない銘柄」に投資することは、実は簡単なことではありません。3年間保有できて、かつ株価が2倍以上になっていたら合格です。

分散投資からはじめる集中シフト投資法

本章もいよいよ最後になりますが、投資対象の「分散と集中」について解説するとともに、分散からはじめて集中にシフトしていく投資法を紹介します。

分散投資：リスクを分散して安定を重視する。安定重視。

集中投資：リスクをとって集中効果を狙う。収益重視。

　分散と集中は、ローリスク・ローリターンか、ハイリスク・ハイリターンかの関係にありますが、成功している企業が得意分野に事業ポートフォリオを集中させている例もあるように、株式投資でも、リスクを取れる局面では、リスクを取ることは資産を大きく増やす「攻めの投資」として選択肢の1つになります。

　集中シフト投資法は、最初は分散投資からスタートして、市場と対話しながら、業績と株価でふるいをかけていき、10倍株を狙える企業に集中していく投資法になります。

　最終的には集中投資になりますので、リスクを取れる人向きの投資法です。また、この投資法は投資先の全銘柄の決算をチェックし本章で学んできた理論株価を使って随時評価していくことが前提となります。

❶ 分散投資でスタート
　最初は、投資予算を20〜50銘柄程度に分散し、投資金額が同じくらいになるよう投資します。最初の投資銘柄数は多い方がよいので、四季報で付箋をした銘柄を中心にピックアップしましょう。

❷ 損切りルール
　買値の-10%〜-50%程度で決めておきます。前に紹介した1円損切りルールを適用してもかまいません。また、業績が悪化（理論株価が1年前より下落）した場合も損切り（または利確）します。

❸ 売却と買い増しルール
　損切り・利確した銘柄は、ただちに残りの他銘柄に再投資します。再投資先は「株価上昇率の高い銘柄」「理論株価上昇率の高い銘柄」など投資後の実績を重視して決定します。

このように運用していくことで、株価が下落した銘柄や業績が悪化した銘柄が外れ、右肩上がりの好業績株が残っていくことになります。

④ 集中シフトルール

成長率が急変するような大化け株（スター株）が出現した場合は、他銘柄からスター株に乗り換え、集中投資へとシフトします。

 集中シフトするスター株の条件

a：売上と利益の成長率が20％以上かつ当初の2倍以上になる（10%→20%、20%→40%など）

b：今後も持続的成長が期待でき、株価も理論株価と連動して上昇が見込めること

 スター株にシフトする銘柄の条件

a：含み益がマイナスの銘柄

b：株価上昇率、利益成長率が相対的に低い銘柄

c：成長率が低下傾向の銘柄

スター株へのシフト以降は、分散投資から集中投資へと舵を切っていきます。

最初から少数銘柄に集中して、そこから10倍株を獲得するのは簡単ではありませんが、50銘柄からスタートして次第にシフトしていく方法ならば、チャンスも増えるという考え方です。

⑤ ゴールの設定

10倍株の達成をゴールに設定します。もっとも10倍株を達成しても売却する必要はなく、成長が続く限り20倍、50倍、100倍とさらに上を狙って保有してもかまいません。

❻ 成功と失敗のシナリオ

　実際にやってみないと結果は分かりませんが、成功と失敗のシナリオにはパターンがありますので、紹介しておきます。

　集中シフト投資法のフロー

最初は投資金額が同じになるように分散投資

　　　↓

成長が続く限りそのまま保持

　　　↓

成長倒れになったら売却して、成長が続く銘柄を買い増し

　　　↓

成長が加速したスター株にシフト

　　　↓

10倍株の獲得

❼ 成功シナリオ

　損切りと再投資のサイクルを繰り返すことで、成長が続く銘柄が残り、上位銘柄の割合が高くなって、手の内が実績のあるスター株を中心とした強いポートフォリオに変わっていくことになります。含み損の銘柄は淘汰されて、含み益の銘柄だけが残ります。

　何年か先に10倍株を獲得して、ゴールを迎えられれば成功です。

❽ 失敗シナリオ

　失敗のシナリオとしては「暴落型」と「選択ミス型」の2つが考えられます。

　株式投資は、海外市況や景気サイクルにも左右され、両方の要素が重なることもあります。失敗には運の要素もありますが、もし失敗した場合は、リセットして再挑戦します。

● 暴落型による失敗

　リーマン・ショックのような信用収縮が発生し、世界的な経済危機に発展するケース。株式市場は大暴落になりますので、分散投資していたとしても、多くの銘柄があっという間にロスカットになってしまいます。新型コロナショックや東日本大震災のような想定外の疫病流行や自然災害がきっかけに暴落するケースでも同様です。

　右肩上がりの成長株を狙う投資法は「暴落に弱い」という欠点があります。前にも述べたように、株式市場には、数年に1回程度の割合で暴落を繰り返してきた歴史がありますから、これはリスクとして受け入れておく必要があります。

　途中で「コロナショック」や「ロシアのウクライナ侵攻」のような**想定外の出来事が発生し、失敗に終わる確率は、決して低くないのです**。損切りルールを守れていれば、被害は軽微のはずですが。

　もっとも、成長株にはリーマン・ショック時でも、ほとんど下げていないものもありますし、新型コロナショックでは、暴落後には大きく反発しました。ルール通りに運用していても銘柄選択によっては、暴落を乗り切れる可能性もあります。

● 選択ミスによる失敗

　投資した銘柄の成長が持続せず、選択した50銘柄の中にスター株が1つもなかった場合です。多くの銘柄が成長倒れとなったり、成長加速するスター株がみられないまま、3年以上経過しても2倍株がない場合は、選択ミスによる失敗と判断してリセットすることも選択肢です。

『四季報2019年夏号』の付箋47銘柄の3年半後

　最後に、第1章でも紹介した、はっしゃんが四季報速読で最初に付箋した2019年夏号47銘柄の3年半後を確認してみましょう。

　2022年12月現在で株価値上がりが22銘柄、値下がりが25銘柄で値下がりが多くなっていますが、全銘柄の平均上昇率は+29.0%と大幅プラスです。

　このうち、2倍株以上が4銘柄で、レーザーテックが10倍株に到達。レーザーテックが10倍まで到達していますので、仮にこの47銘柄で集中シフト投資法を採用していれば、値下がりした半分以上の銘柄をスター株に化けたレーザーテックに再投資していたことになり、大成功だったと言えそうです。

〈6920〉レーザーテク	＋1120.3%	〈2412〉ベネ・ワン	－ 9.7%
〈3038〉神戸物産	＋207.3%	〈4348〉インフォコム	－ 14.1%
〈6200〉インソース	＋165.9%	〈4686〉ジャスト	－ 16.0%
〈3923〉ラクス	＋148.0%	〈4921〉ファンケル	－ 17.8%
〈6078〉バリューHR	＋95.1%	〈3830〉ギガプライズ	－ 18.2%
〈7741〉HOYA	＋72.5%	〈6750〉エレコム	－ 24.3%
〈2384〉SBSHD	＋69.3%	〈6067〉インパクト	－ 24.6%
〈6861〉キーエンス	＋69.2%	〈3969〉エイトレッド	－ 26.0%
〈4722〉フューチャー	＋67.8%	〈4384〉ラクスル	－ 30.6%
〈9279〉ギフトHD	＋65.8%	〈6035〉IRジャパン	－ 30.6%
〈2471〉エスプール	＋56.7%	〈9416〉ビジョン	－ 32.9%
〈7780〉メニコン	＋51.1%	〈3983〉オロ	－ 35.4%
〈6544〉Jエレベータ	＋43.5%	〈2326〉デジアーツ	－ 35.8%
〈6533〉オーケストラ	＋41.6%	〈2180〉サニーサイド	－ 42.9%
〈3836〉アバントG	＋37.6%	〈3479〉TKP	－ 50.8%
〈7518〉ネットワン	＋18.4%	〈9450〉ファイバーG	－ 55.1%
〈9984〉SBG	＋13.2%	〈3665〉エニグモ	－ 59.7%
〈7476〉アズワン	＋11.8%	〈6232〉ACSL	－ 64.2%
〈2130〉メンバーズ	＋3.7%	〈4587〉ペプドリ	－ 71.5%
〈2317〉システナ	＋3.3%	〈7049〉識学	－ 73.3%
〈6099〉エラン	＋1.8%	〈3930〉はてな	－ 79.3%
〈4800〉オリコン	＋0.1%	〈4397〉チムスピ	－ 89.5%
〈7564〉ワークマン	－ 0.2%	〈6572〉RPA	－ 90.7%
〈8056〉ビプロジー	－ 6.6%		

おわりに

　本書を最後までお読みいただきありがとうございました。

　この本は「投資家のバイブル」四季報の魅力をきっかけに1人でも多くの皆さんに株式投資を知っていただき、「貯蓄から投資」の世界へ踏み出してほしいとの想いから執筆しました。

　本文中でも何回か触れたように、現在日本は人口減少社会に突入し、社会全体が縮小へとシフトしつつあります。多くの企業が市場縮小という逆風にさらされながら、企業努力を通じて、日本から世界へとステージを変えるなど、生き残りを懸けなければなりません。

　わたしは、このような日本においてこそ「初心者が持続可能な株式市場」を実現すること。具体的には、

・初心者が参加しやすい株式市場を作ること
・貯蓄から投資への流れを推進すること
・市場参加者を増やして日本企業を応援すること
・日本を金融立国にして、みんなで豊かになること

が必要だと考えています。

　日本でも「貯蓄から投資」をキャッチフレーズに、東証プライム市場の創設をはじめとする市場区分改革、高校からの投資教育の導入、NISAの恒久化など、数多くの改革が実行されていますが、依然として専門的な金融知識を必要とする株式市場が初心者にとって「持続可能」とは、言い難い状況です。

「学校で学ぶ機会のない専門的な金融知識なしでも、誰でも投資できる株式市場を作りたい」

わたしは、長年お世話になってきた株式市場への恩返しとして「初心者が持続可能な株式市場」を実現するため、自分で「今できることからはじめよう」の想いでサラリーマンを退職・起業しました。

　本書で紹介した四季報の「次ステップ」を支援する理論株価などの指標や各種投資ツールは、「初心者が持続可能な株式市場の実現」を理念として、専門的な金融知識なしで利用できる初心者向け株式サービスとして開発し、決算書や企業価値を見える化、データベース化しました。

　そして、本書をはじめとする株式入門書の執筆、Twitter、YouTubeなどでの活動を通じて、日本の「株式市場の健全化」や「初心者に開かれた株式市場」を早期に実現したいという想いで活動しています。

　わたしの想いにご賛同いただき、投資仲間になっていただけるなら、これ以上の喜びはありません。

2023年2月 投資家VTuberはっしゃん

本書内容に関するお問い合わせについて

このたびは翔泳社の書籍をお買い上げいただき、誠にありがとうございます。弊社では、読者の皆様からのお問い合わせに適切に対応させていただくため、以下のガイドラインへのご協力をお願い致しております。下記項目をお読みいただき、手順に従ってお問い合わせください。

●ご質問される前に
弊社WEBサイトの「正誤表」をご参照ください。これまでに判明した正誤や追加情報を掲載しています。

正誤表　https://www.shoeisha.co.jp/book/errata/

●ご質問方法
弊社WEBサイトの「刊行物Q＆A」をご利用ください。

刊行物Q&A　https://www.shoeisha.co.jp/book/qa/

インターネットをご利用でない場合は、FAXまたは郵便にて、下記"翔泳社 愛読者サービスセンター"までお問い合わせください。
電話でのご質問は、お受けしておりません。

●回答について
回答は、ご質問いただいた手段によってご返事申し上げます。ご質問の内容によっては、回答に数日ないしはそれ以上の期間を要する場合があります。

●ご質問に際してのご注意
本書の対象を越えるもの、記述個所を特定されないもの、また読者固有の環境に起因するご質問等にはお答えできませんので、あらかじめご了承ください。

●郵便物送付先およびFAX番号
送付先住所　〒160-0006 東京都新宿区舟町5
FAX番号　03-5362-3818
宛先（株）翔泳社 愛読者サービスセンター

【著者プロフィール】
はっしゃん
投資家VTuber

ITエンジニア兼業投資家として割安成長株に長期投資するスタイルで1億円を達成。現在は独立・起業して「初心者にも持続可能な株式市場の実現」という理念のもと、専門的な金融知識なしで利用できる株式入門サイト「株Biz」を監修・開発。理論株価や月次情報など独自の投資コンテンツを配信する。投資家VTuberとしてマネー誌、投資メディア、SNSでも活動し、ビジネス著書累計8万部、Twitterフォロワー数7万人、YouTubeチャンネル登録数1.7万人。

株Biz：https://kabubiz.com
Twitter：https://Twitter.com/trader_hashang
YouTube：https://www.youtube.com/kabubiztv

「会社四季報」速読1時間で10倍株を見つける方法
投資家VTuberはっしゃんが綿密なリサーチから導き出した
「誰でもできる」3ステップ投資術

2023年3月22日 初版第1刷発行

著者　はっしゃん
発行人　佐々木 幹夫
発行所　株式会社翔泳社（https://www.shoeisha.co.jp）
印刷・製本　中央精版印刷株式会社

ISBN978-4-7981-7889-9　　　　　　　　　　Printed in Japan